KB068189

세상 모든 글쓰기
우리말 맞춤법 띄어쓰기

모든 글쓰기의
시작과 완성

우리말 맞춤법 띄어쓰기

정희창 지음

세상 모든 글쓰기

개정 증보판

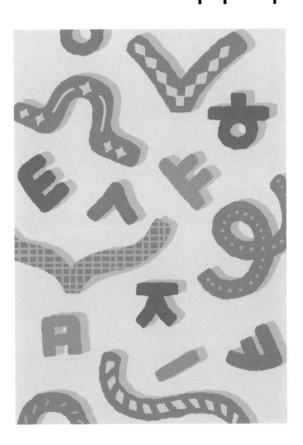

RHK
알에이치코리아

어문 규범을 주관하는 기관의 규범 담당자로서 맞춤법에 관한 문의를 받을 때마다 '어느 것이 옳은가'에 대한 짧은 답을 하기보다 '왜 그러한 표기가 바른 표기인가'에 대한 설명을 해 주고 싶을 때가 많았다. 늘 쓰는 말을 통해 '한글 맞춤법'의 원리까지 이해하게 되면 비슷한 많은 문제들을 쉽게 해결할 수 있기 때문이다.

　어문 규범을 해설하고 있는 책들이 이미 서점에 즐비하게 꽂혀 있고 그것이 적용된 용례들을 모아 놓은 책들 또한 심심치 않게 눈에 띈다. 이제는 인터넷을 통해서도 편리하게 어문 규정과 그 해설을 찾아 읽어 볼 수 있다. 또한 단순히 헷갈리는 표기 중 어느 것이 옳은지 알고 싶다면 국어사전을 통해서도 쉽게 그 해답을 얻을 수 있다.

하지만 그때그때 답을 찾는 것에 그친다면 언어가 가지고 있는 일정한 운용 원리들을 깨칠 기회를 놓칠 가능성이 높다. 또한 딱딱한 '한글 맞춤법' 조항을 일일이 설명하는 것은 지루하고 효율적이지 못한 방법이다. 따라서 이 책에서는 일상의 예를 통해 맞춤법의 원리를 알아 나갈 수 있도록 내용을 구성했다. 즉, 용례와 함께 그 원리를 설명해 줌으로써 우리의 말 속에 일정한 원리와 규칙이 있음을 자연스럽게 알 수 있도록 하였다. 아울러 그와 관련된 국어 정보들도 풍부하게 제시했다.

누군가는 '꼭 맞춤법을 지켜야 하는가?' 하는 조금 당황스러운 물음을 던지기도 한다. 또 맞춤법이 현대 언어생활을 잘 반영하지 못하고 있다고 지적하고 그것에 얽매이는 것은 고지식한 태도라 말하기도 한다. 그렇다 해도 언어는 사회 구성원들이 서로의 생각을 전달하고 마음을 나누며 함께 살아가기 위한 가장 기본적인 의사소통 수단이다. 우리가 지켜야 하는 표기법이 비록 언어의 다양한 변화 양상을 모두 반영할 수 없다 하더라도 의사소통의 효율성을 높이고 올바른 언어생활을 영위하는 데 있어서는 매우 중요하고 기본적인 약속이다.

이 책은 매우 짧다. 하지만 실례를 통해 원리를 익히고 그 원리를 다른 용례에 적용할 수 있게 된다면 우리말에 대한 이해가 좀 더 넓어지고 언어 표현에 자신감을 가질 수 있을 것이라 믿는다. 그리고 여기에 욕심을 하나 더한다면 이 책이 국어에 대한 관심을 높이고 또 누군가에게 국어를 공부하고 싶은 계기가 되기를 바라는 마음이다.

　이 책을 쓰는 데 도움을 주신 분들은 일일이 거명하기 어려울 만큼 많다. 이 자리를 빌려 마음으로 감사를 드린다. 아무쪼록 이 책이 국어를 공부하는 데 조금이나마 도움이 되기를 바랄 뿐이다.

인터넷에서 "맞춤법 좀 틀리면 외 않되?"를 보고 웃었던 기억이 있다. 내게 직접 물었다면 "안 되는 게 어딨어?"라고 편들어 주었을 것이다.

맞춤법은 글을 쓰는 약속이다. 그런데 기다려지고 마음 설레는 다른 약속들과는 달리 사람들을 불편하게 한다. 맞춤법도 모르냐는 말은 두렵기까지 하다. 예전에 이 책의 초고를 쓸 때 누군가 책을 읽고 "맞춤법도 생각보다는 재밌네"라는 말을 해 주면 행복할 것 같았다. 그 마음은 지금도 마찬가지다. 이 책을 읽고 맞춤법 공부도, 국어 공부도 너무 재미있어서 약속처럼 기다려진다고 말해 주면 얼마나 좋을까?

그동안 잊고 지내던 책을 다시 살아나도록 애써 준 분들께 감사를 드린다. 내게는 개정판을 내는 일보다 잊었던 꿈을 다시 살려내는 시간이었다. 꿈이란 늘 현재형이다.

2020년 11월

정희창

차례

초판 머리말 5

개정판 머리말 8

1장 한글 맞춤법의 원리

'花'는 '꽃' 하나로 적는다 15 | '美'는 '아름답-'과 '아름다우-' 두 가지
로 적는다 20

2장 한글 맞춤법의 실제

같은 뿌리에서 나온 말은 같은 형태로 적는다 35 | 말이 줄어들 때도 원
래의 형태를 유지한다 39 | 다른 말이 되어도 원래의 형태를 유지한다
44 | 소리가 완전히 달라졌을 때는 달라진 대로 적는다 48 | '아'는 '아'
끼리, '어'는 '어'끼리 연결한다 52 | 명사형 어미 '-(으)ㅁ' 결합하기 57
| '-이'가 결합한 말 적기 62 | 줄어들어 형태가 바뀔 경우 바뀐 대로 적
는다 65 | '먹어라'일까? '먹거라'일까? 70 | '요'와 '오', 제대로 구분하
자 74 | 'ㄹ'과 'ㄴ'은 단어 첫머리에 오기 어렵다 82 | 된소리 제대로 적
기 92 | 사이시옷은 말과 말 사이에 적는 'ㅅ'이다 94 | 역사적인 근거에
따라 표기를 결정하는 경우가 있다 101 | 현실 발음으로 결정하기 힘든
경우가 있다 103 | 원래 의미가 있으면 본 모양을 밝히고, 변했으면 밝

히지 않는다 106 | 소리는 비슷하지만 서로 다른 말을 구분하자 112 |
형태, 의미적인 근거에 따라 일관성 있게 적는다 115 | 문법적인 근거에
따라 적는 경우도 있다 116

3장 띄어쓰기의 원리와 실제

자립적인 말과 의존적인 말의 띄어쓰기가 다르다 123 | 조사는 앞 말
에 붙여 쓴다 137 | 어미일 때는 붙여 쓰고 의존 명사일 때는 띄어 쓴다
140 | 관형사는 뒤에 오는 말과 띄어 쓴다 147 | 수는 만 단위로 띄어 쓰
고, 만보다 작은 수는 모두 붙여 쓴다 149 | 전문어는 단어별로 띄어 쓸
수 있다 154 | 고유 명사는 단위별로 띄어 쓸 수 있다 158 | 외래어는 원
어의 띄어쓰기에 따른다 163 | 개별적으로 띄어쓰기가 결정되는 경우
도 있다 166

4장 문장 부호

문장 부호의 변화 173 | 마침표 175 | 쉼표 182 | 따옴표 190 | 묶음표
193 | 이음표 197 | 드러냄표 201 | 안드러냄표 202

찾아보기 205

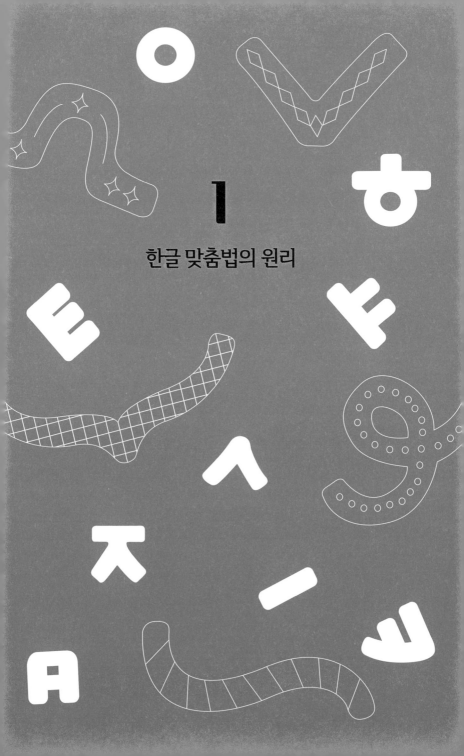

1

한글 맞춤법의 원리

'花'는 '꽃' 하나로 적는다

'한글 맞춤법'이란 무엇일까? 한번쯤 '한글 맞춤법'이란 말을 들어 봤다 하더라도 이 물음에 대답하기란 쉽지 않다. 하지만 우리는 아래의 글을 '맞춤법을 모르는' 사람이 쓴 글이라고 생각한다.

꼰니피 바라메 흔날리고 이써요.

그리고 맞춤법에 맞게 쓰려면 아래와 같이 고쳐야 한다는 것을 알고 있다.

꽃잎이 바람에 흩날리고 있어요.

또한 '花'에 해당하는 말을 한글로 '꼬치'로 쓰면 잘못이므로 '꽃이'로 고쳐야 한다고 가르쳐 줄 수도 있다.

꼬치 → 꽃이 / 꼳또 → 꽃도 / 꼰만 → 꽃만

그런데 말로 할 때는 '맞춤법을 아는 것'과 '맞춤법을 모르는 것'이 서로 차이가 없다. 둘 다 [꼰니피 바라메 흔날리고 이써요]로 소리가 나기 때문이다.

꼰니피 바라메 흔날리고 이써요.
→ [꼰니피 바라메 흔날리고 이써요]
꽃잎이 바람에 흩날리고 있어요.
→ [꼰니피 바라메 흔날리고 이써요]

이러한 것은 아래의 경우도 마찬가지다. 모두 [꼬치], [꼳또], [꼰만]으로 소리가 같다.

꼬치, 꼳또, 꼰만
꽃이, 꽃도, 꽃만 ⟩ [꼬치], [꼳또], [꼰만]

● 발음을 표시할 때는 [ ]에 넣어 표시한다. '국물[궁물]'은 '국물'로 적지만 '궁물'로 소리 난다는 뜻이다.

한글 맞춤법이 어려웠던 이유가 여기에 있다. 소리가 같아서 [꼬치]라는 소리만 듣고는 '꼬치'로 적을지, '꽃이'로 적을지 결정하기가 어려웠던 것이다. '花'를 가리킬 경우 '꽃이'로 적게 하는 것이 바로 '한글 맞춤법'의 역할이다.

맞춤법을 규정하고 있는 '한글 맞춤법'에는 이러한 사실을 다음과 같이 밝히고 있다.[*]

제1 항 한글 맞춤법은 표준어를 소리대로 적되, 어법에 맞도록 함을 원칙으로 한다.

위의 조항은 다음과 같이 분석할 수 있다. 맞춤법은 ① 표준어를 적고, ② 소리대로 적고, ③ 어법에 맞게 적는다.

'소리대로 적는 것'은 우리가 읽는 소리대로 한글로 적는다는 뜻이다. [꼬치]로 소리 나는 '花'를 소리 나는 대로 적으면 '꼬치'로 적을 수 있다.

[꼬치] → 꼬치

● '한글 맞춤법' 전문과 해설은 국립국어원 홈페이지(www.korean.go.kr)에서 찾아볼 수 있다. '한글 맞춤법'은 1988년 고시되었고, 그 해설은 1988년 '한글 맞춤법'과 함께 처음 제시되었고 2018년 국립국어원에서 개정되었다.

그런데 '꼬치'로 적을 경우 쓰기는 쉬워도 읽을 때는 그 뜻을 이해하기가 어려워진다. 아래는 '花'와 관련된 예들이다.

꼬치, 꼬츨, 꼬치면
꼳또, 꼳꽈, 꼳까지
꼰만, 꼰마저, 꼰만큼

우리는 위의 [꼬치], [꼳또], [꼰만]이 '꽃'에 '이', '도', '만'이 결합한 말이라는 것을 알고 있다. '꽃'과 '이'를 구별해서 적으면 이러한 사실이 분명하게 드러난다. '한글 맞춤법'에서는 '꼬치', '꼳또', '꼰만'이라고 적지 않고 '꽃'의 형태를 고정해서 '꽃이', '꽃도', '꽃만'이라고 적도록 규정하고 있다. 이러한 내용을 담고 있는 것이 '한글 맞춤법'의 '어법에 맞게 적는다'는 부분이다.

꼬치, 꼬츨, 꼬치면 → 꽃이, 꽃을, 꽃이면
꼳또, 꼳꽈, 꼳까지 → 꽃도, 꽃과, 꽃까지
꼰만, 꼰마저, 꼰만큼 → 꽃만, 꽃마저, 꽃만큼

'한글 맞춤법'에 따라 '꽃이', '꽃도', '꽃만'으로 적게 되는 과정은 아래와 같다.

	①	→	②	→	③
표준어			**소리 나는 대로**		**어법에 맞게**
[꼬치]			꼬치		꽃이
[꼰만]			꼰만		꽃만

　'어법에 맞게' 적는다는 원칙은 형태를 고정해서 일관되게 적는 원칙이라고 할 수 있다.* '꽃'과 '이, 도, 만'을 고정해서 '꽃이', '꽃도', '꽃만'으로 적는 것이 독서의 효율성을 높인다는 장점이 있다.

* '꽃이'는 '꽃'과 '이'로 분석된다. '꽃'은 '花'라는 어휘적인 의미를 가지고 있어서 어휘 형태소라고 한다. 이에 비해 '이'는 '꽃이 아름답다'처럼 '꽃'이 주어임을 표시하는 문법적인 기능을 주로 나타낸다. 조사를 어미와 더불어 문법 형태소라고 하는 것도 이 때문이다.

'美'는 '아름답-'과 '아름다우-' 두 가지로 적는다

그렇다고 해서 이러한 원리가 언제나 적용되는 것은 아니다. 다음과 같은 경우는 이러한 원리를 적용하기가 쉽지 않다.

아름답-고 / 아름답-다 / 아름답-지

'아름답고', '아름답다', '아름답지'를 보면 '美'라는 개념은 언제나 '아름답-'으로 형태를 고정하여 적는다고 생각하기 쉽다. 그렇지만 모음으로 시작하는 어미와 연결될 경우에는 '아름답-은', '아름답-어'가 아닌 '아름다운', '아름다워'와 같이 적는다.

아름다운(← 아름답-은) / 아름다워(← 아름답-어)

'꽃이'와 '꽃만'과는 달리 '아름답-'은 일관되게 적지 않는 이유는 무엇일까? 그 이유는 소리가 달라지기 때문이다. [꼬치]와 [꼰만]으로 소리가 나는 표준어는 '꽃이', '꽃만'으로 적어도 소리가 같으므로 문제가 되지 않는다. 그렇지만 [아름다운], [아름다워]라고 말하는 표준어를 '아름답은', '아름답어'로 적을 경우 표준어 [아름다운], [아름다워]를 적은 것이 아니라 표준어가 아닌 [아름다븐]과 [아름다버]를 적은 것이 된다.

　　아름답어[아름다버] / 아름답은[아름다븐]

　그러므로 '아름답은', '아름답어'로 적지 않는다. 이처럼 소리가 달라지기 때문에 형태의 일관성을 지킬 수 없을 때 학교 문법*에서는 이러한 용언을 '불규칙 용언', 이러한 현상을 '불규칙 활용'이라고 한다. 아래의 예를 보면 불규칙 용언인 '아름답-'과 규

---

* '학교 문법'은 '학교에서 가르치는 문법'으로 규범적인 성격을 지니고 있다. 사람들이 쓰는 말 그대로를 기술하는 '기술 문법'과 달리 사람들이 쓰는 말을 판정하고 바로잡으려고 하는 태도를 지니고 있어서 '규범 문법'이라고 하기도 한다. 예를 들어 '바라[望]-'에 '-어'가 연결된 말을 사람들이 '네가 잘 되기를 바래.'로 쓰는 것을 관찰하였을 때 '바래'라고 쓰인다고 기술하는 것이 '기술 문법'의 태도이고 '바래'는 비표준어이므로 '바라'로 교정해야 한다고 주장하는 것이 '규범 문법'의 태도이다. '한글 맞춤법, 표준어, 외래어 표기법, 로마자 표기법, 표준 발음법'은 모두 '규범 문법'의 태도를 지니고 있다. 이들을 아울러서 '규범'이라고 하는 것도 이러한 이유에서다.

칙 용언인 '잡-'의 활용 차이를 볼 수 있다.

아름답-고   잡-고

아름답-지   잡-지

아름다워(←아름답-+-어)   잡-아(←잡-+-아)

아름다우니(←아름답-+-으니)   잡-으니(←잡-+-으니)

표준어란 무엇인가?

1988년 국가에서 정해서, 1989년 3월 1일부터 시행해 오고 있는 '표준어 규정'에는 표준어를 정하는 원칙을 다음과 같이 명시하고 있다.

제1 항 표준어는 교양 있는 사람들이 두루 쓰는 현대 서울말로 정함을 원칙으로 한다.

표준어는 '교양 있는 사람들이 두루 쓰는 현대 서울말'이다. 표준어는 서울말을 근간으로 하고 있다. 그렇지만 서울 토박이 말과는 차이가 있다. 다음은 서울 토박이 부인 한상숙의 한평생을 구술한 그대로 정리한 『밥해 먹으믄 바느질

허랴, 바느질 아니믄 빨래허랴』에 나오는 한 구절이다.

아주 늙은 은행나무가 있어. 전에 그 은행나무를 읎앨랴 그랬대. 근데 그거를 파니까는 벨안간 그냥 천둥 번개를 허구 비가 쏟아져서 허다가 못해서 그 은행나무가 그저 있어.

서울 토박이의 말인데 현재의 표준어와 다른 면이 적지 않다. 표준어에 맞게 고치면 다음과 같다.

아주 늙은 은행나무가 있어. 전에 그 은행나무를 없애려고 그랬대. 근데 그거를 파니까 별안간 그냥 천둥 번개가 치고 비가 쏟아져서 하다가 못해서 그 은행나무가 그저 있어.

표준어는 공식적인 언어생활의 기준이 되는 말이다. 표준어가 필요한 것은 한 나라의 말이라도 지역에 따라 다른 경우가 많기 때문이다. 말투는 물론 단어의 의미도 달라서 어떤 경우에는 서로 의사소통이 어려운 경우도 있다. 흔히 상대방과 몇 마디 이야기를 나누지 않고서도 고향을 짐작할 수 있는 것도 지역마다 말이 특색이 있고 다르기 때문이다. 이처럼 지역마다 특색이 있는 고유한 말을 '방언' 또는 '지역어'라고 한다.

다음은 '깍두기'를 각 지역에서 부르는 말이다.

> 간동지(함남), 깍대기(강원, 경상, 전남, 충청), 깍대이(경
> 남), 나박김치(경북), 나박디(평북), 똑딱지(전라, 충청), 똑때
> 기(전북, 충북), 서빡지(전남), 쪼각지(전라)……

이러한 점에서 표준어도 하나의 방언이다. 서울말이 표준
어가 된 것은 서울이 정치, 행정, 문화 등의 중심지라는 데
힘입은 것이지 다른 방언보다 우수한 점이 있어서가 아니다.
방언 간에 우열은 존재하지 않는다.

방언은 지역의 문화를 담고 있는 문화적인 자산이다. 각
지역의 삶과 생활의 전통이 언어에 남아 있는 경우가 적지
않다. 또한 표준어에서는 이미 사라진 말이 다른 방언에는
남아 있어 옛말의 모습을 찾거나 국어를 연구하는 근거가
되기도 한다. 이러한 점에서 방언은 지역의 특색과 국어의
많은 정보를 간직한 소중한 언어 유산이라고 할 수 있다.

그렇지만 공적인 자리에서는 표준어를 쓰는 것이 바람직
하다. 말씨가 같을 경우 친근감을 느끼듯이 말씨가 다를 경
우 거리감을 느낄 수 있기 때문이다. 표준어를 쓰는 것은 대

화를 나누는 상대방을 배려하는 기본적인 예의라고 할 수 있다. 우리가 표준어를 학습해야 하는 것은 사회적으로 공식적인 언어를 배울 필요가 있기 때문이다. 고향 친구를 만날 때와 공식석상에서 연설을 할 때의 언어는 다르기 마련이다. 이런 점에서 표준어와 방언은 서로 배척하는 관계가 아니라 상호 보완적인 관계에 있다고 말할 수 있다.

표준어는 이처럼 서로 말이 다른 지역 사람들을 하나로 묶어 줄 뿐 아니라 한국어를 세계로 널리 보급하거나 국어를 정보화하는 데 기준이 되는 언어로서의 역할을 하기도 한다.

표준어는 어떻게 정할까?

기술이나 공업 분야 등에서 일관된 규격이 있듯이 언어에 대한 규격이 표준어라고 할 수 있다. 그런데 언어는 제품을 규격화하는 것처럼 일률적으로 정하기 어려운 면이 있다. 다음과 같은 경우를 생각해 보자.

젊은이여! 희망의 나래를 펼쳐 힘껏 날아 보자.

위의 '나래'는 얼마 전에야 표준어로 인정되었다. 예전에는 '나래'는 표준어가 아니고 '날개'만이 표준어였다. 따라서 위의 문장을 공식적인 언어생활의 기준이 되는 표준어로 바꿔야 할지가 고민스러웠다.

젊은이여! 희망의 날개를 펼쳐 힘껏 날아 보자.

'희망의 나래'가 '희망의 날개'보다 뜻한 바를 더 섬세하게 전달할 수 있고 게다가 널리 쓰이는데도 '희망의 날개'라고 고쳐야 한다는 것은 지나친 주장이다. 언어란 사회 구성원들의 합의에 따라 결정되는 결과물이며 언어란 끊임없이 변화하기 때문이다. 따라서 '나래'가 표준어가 되듯이 표준어의 목록이 변화하는 것은 지극히 자연스러운 일이다.

언어 현실과 표준어 간에 거리가 생기는 것은 언어의 변화를 바로바로 수용하기가 쉽지 않기 때문이다. 예를 들어 일부 계층에서 널리 쓰이는 말이라도 다른 계층에서는 아주 낯선 말일 가능성이 있다. 장년층에서 쓰는 전통적인 말을 젊은 세대가 이해하지 못하거나 젊은 세대의 새로운 말을 나이가 든 세대가 이해하지 못하는 일은 흔하다. 예를 들어 '마수걸이(맨 처음 물건을 파는 일)', '깜냥(스스로 헤아림)' 등은 기성세대에서는 쓰는 말이지만 젊은 세대는 잘 쓰지 않으며 반대로 '열공(열심히 공부함)', '지못미(지켜 주지 못해 미안해)' 등은 윗세대에서는 거의 쓰이지 않는 말이다.

따라서 어떠한 말이 표준어로 인정될 만큼 충분한 사회적 공감대를 얻었는지를 판단하는 일은 한두 사람이 개인적으로 할 수 있거나 단기간에 결정할 수 있는 일이 아니다. 언어 현실에 대한 실태 조사를 충분히 하고 언어 변화의 과정을 지켜 보아야 한다. 현재 새로운 표준어를 조사하고 쓰임을 정의하는 일을 국가의 전문 기관에서 시행하고 있는 것도 언어의 공적인 사용 문제가 공공성을 띠고 있기 때문이다.

표준어에 대한 흔한 오해 중의 하나는 표준어가 아닌 말은 가치가 떨어질 것이라는 생각이다. 표준어를 많이 쓴다고 해서 나머지 말은 옳지 않은 말이며 가치가 떨어진다고 생각해서는 안 된다. 위에서 방언과 표준어 간에 우열이 존재하지 않는다고 한 것처럼 말 사이에는 우열이 존재하지 않는다. 다만 좀 더 공식적인 언어와 그렇지 않은 개인적인 언어가 있을 뿐이다.

이러한 구분을 분명히 할 때 표준어와 방언 모두 발전할 수 있다. 공적인 자리에서 표준어를 쓰려는 노력과 함께 방언의 가치를 깨닫고 보존과 발전을 위해 노력하려는 인식의 전환이 필요하다.

　방언은 표준어를 다채롭고 풍요롭게 해 주는 역할을 하기도 한다. 다음과 같은 말은 방언에서 온 말로 한국어의 섬세한 느낌을 전달해 준다.

　　역사의 뒤안길에서 만난 이름 모를 사람들.
　　따뜻한 가을 햇살에 영그는 황금빛 벌판.
　　향기로운 봄의 내음을 한껏 느껴 보자.

한글 맞춤법의 적용 대상

　'한글 맞춤법' 제1 항을 보면 '표준어를 소리대로 적되, 어법에 맞도록 함을 원칙으로 한다'고 되어 있다. '한글 맞춤법'은 표준어를 적는 방법인 셈이다. 그렇다면 표준어가 아닌 방언이나 옛말 등은 어떻게 적어야 할까? 표준어가 아닌 말을 적는 방법에 대해서는 분명한 언급이 없다. 그렇다고 아무렇게나 적어도 되는 것은 아니다. 역시 '한글 맞춤법'에 따라 적는 것이 바람직하다. 아래의 예는 충청 방언을 담고 있는 이문구의 소설 『우리 동네』의 한 구절이다.

살맛이 줄어 다른 재미가 읇응께 그쪽으루만 쏠리는
거지.

위에서 색 표시된 부분은 '읇-'과 '-응께'를 구분해서 적
고 있는데 이는 표준어에서 '없-으니까'로 구분해서 적는 것
과 같은 원리다. 이렇게 적는 것이 '읍쏭께'와 같이 적는 것
보다 이해하기가 쉽다. 따라서 '한글 맞춤법'에 언급되어 있
지는 않더라도 '한글 맞춤법'을 적용하는 대상은 표준어와
방언, 옛말 등이 모두 포함된다고 해석해야 한다.

한글 맞춤법의 형태주의 원리

'한글 맞춤법'은 하나의 개념을 일관된 형태로 표기한다
는 형태주의 원칙을 가지고 있다. 다음의 첫 예에서 색 표시
된 '었'은 실제로는 [엳]으로 소리가 나지만 '먹었다'의 [엍]
과 동일하게 취급하여 '었'으로 표기한다. '눈곱', '눈살'도 소
리는 [눈꼽], [눈쌀]이지만 자립적으로 쓰이는 '곱', '살'의 형
태를 살려서 표기한다.

그 사람은 친구이었다[이엳따].

그 사람은 밥을 먹었다[머걷따].

눈곱[눈꼽], 눈살[눈쌀]

형태의 일관성을 지키지 않는 경우는 소리가 달라질 경우만이다. '그 사람은 친구였다'의 '였'을 '었'으로 적을 경우 [엳]으로 소리 나지 않고 [얻]으로 소리 나기 때문에 '었'으로 적지 않는다.

그 사람은 친구였다[친구엳따].

그 사람은 친구었다[친구얻따](×).

'넓-'의 경우 원래의 의미를 유지하고 있는 '넓적하다'와 의미가 변한 '넙죽'을 서로 달리 표기하는 것도 이러한 형태주의에 근거한 것으로 볼 수 있다. 또한 '친구가 공원에 가재?(←가자고 해?)', '집에서 뭐하내?(←하냐고 해?)' 등의 표기도 하나의 형태를 일관되게 표기하려는 것으로 볼 수 있다.

한글 맞춤법에 들어 있지 않은 것

'한글 맞춤법'은 결국 표준어를 한글로 적는 방법이다. 그런데 현재의 한글 맞춤법 규정에는 우리말을 '한글'이라는 우리의 공식 문자로 적는다는 내용이 들어 있지 않다. 따라서 '한글 맞춤법은 표준어를 한글로 소리대로 적되 어법에 맞도록 함을 원칙으로 한다' 정도로 보완해야 한다. 또한 현재의 '한글 맞춤법'에는 자형에 대한 규정이 없다. 예를 들어 'ㅈ'의 두 가지 형태 중에서 어느 자형이 기본인지 나타나 있지 않다. 'ㅌ'의 첫 가로획과 둘째 가로획을 붙이는지, 띄어도 되는지에 대한 규정도 들어 있지 않다. 이 밖에도 자모를 쓰는 순서에 대한 내용도 추가될 필요가 있다.

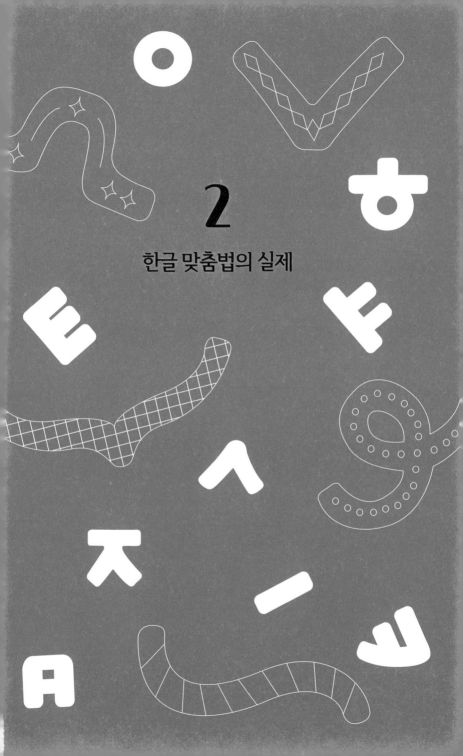

2

한글 맞춤법의 실제

같은 뿌리에서 나온 말은
같은 형태로 적는다

여러분이 국어 시험을 본다고 생각해 보자. 문제는 아래와 같다.

'금을 삐뚤지 않게 [반드시] 그어라.'의 [반드시]를 한글로 적으시오.

한글로 [반드시]라는 소리를 적는 방법은 두 가지가 있다. '반드시'와 '반듯이'다. 하지만 '반드시'와 '반듯이'는 둘 다 [반드시]로 소리가 같아서 어느 쪽인지 결정하기가 어렵다. 그런데 아래와 같은 힌트가 있다.

이때의 [반드시]는 '반듯하게'의 뜻이다.

이 힌트를 보면 답을 찾을 수 있다. 답은 '반듯이'이다. 그렇다면 어떻게 '반듯하게'를 보고 '반듯이'를 찾을 수 있는가? 그것은 하나의 개념을 하나의 형태로 적는 원리가 있어서 '금을 삐뚤지 않게 긋다'의 색 표시된 부분에 해당하는 '直'이라는 개념은 '반듯'으로 적도록 약속이 되어 있기 때문이다. '반듯이'와 '반듯하게'는 모두 '반듯'을 공유하고 있어서 둘이 관련된 말이라는 것을 쉽게 알 수 있다.

금을 반듯이(← 반듯하게) 그어라.
오늘 반드시(↩ 반듯하게) 끝내라.

이와는 달리 '반드시'는 '반듯하다'와는 아무런 관련이 없는 말이다. 이러한 점은 아래의 '지긋이'와 '지그시'에서도 볼 수 있다.

나이가 지긋이(← 지긋하게) 든 반백의 신사.
눈을 지그시(↩ 지긋하게) 감았다.

'지긋하다'와 '지긋이'는 '지긋'이라는 공통분모를 가지고 있지만 '지그시'는 전혀 관련이 없는 말이다. '지긋하다'는 '나이가 비교적 많아 듬직하다'는 뜻이다.

'일찍이', '더욱이'를 '일찌기', '더우기'로 적지 않는 것도 '일

찍', '더욱'과의 관련성을 보여 주기 위해서이다. '일찍'과 '일찍
이'는 '일찍'이라는 공통 요소를, '더욱'과 '더욱이'는 '더욱'이라
는 공통 요소를 가지고 있다.

일찍이(일찌기(×)) 문명을 꽃피운 우리나라.

비도 내리고 더욱이(더우기(×)) 바람도 세다.

단어의 구조

'반듯이'와 '반듯하다'에 공통되는 '반듯'을 전문 용어로
'어근語根, root'이라고 부른다. 말 그대로 '말의 뿌리'라는 뜻으
로 의미를 담고 있는 부분이다. '어근'에 '접사'가 결합하면
새로운 말이 만들어진다. 아래는 '-이', '-하다'가 붙어서 말
을 만드는 과정을 보여 준다.

<pre>
                  ╱ 반듯-+-이 → 반듯이(부사)
       반듯(어근)
                  ╲ 반듯-+-하다 → 반듯하다(형용사)
</pre>

학교 문법에서는 단어 형성 과정에 참여하는 형태소를 '어근', 활용에 참여하는 형태소를 '어간'으로 구분한다. 아래의 '먹-'은 동일한 형태소지만 어근과 어간으로 쓰이고 있다.

먹-이, 먹-보, 먹-이다, 먹-히다 …… (어근)

먹-다, 먹-어, 먹-지, 먹-으니까 …… (어간)

말이 줄어들 때도
원래의 형태를 유지한다

본딧말에서 말이 줄어들어 준말이 되는 경우에도 하나의 개념을
하나의 형태로 일관되게 표기하는 '한글 맞춤법'의 원칙은 변하
지 않는다.

> 게 섰거라(← 서 있거라).
> 옜다(← 예 있다 ← 여기 있다).

 '게 섰거라'를 '게 섯거라'로 적지 않고 받침을 'ㅆ'으로 적는
것은 '섰거라'가 '서 있거라'에서 온 말이기 때문이다. '있-'의 받
침을 그대로 유지한다. '옜다'의 경우도 마찬가지다. '여기 있다'
의 받침 'ㅆ'으로 적는다. '옜다'는 '여기 있다'가 '예 있다'로 줄어

들고, 다시 '옜다'로 줄어든 말이다.

> 밭다리, 밭벽, 밭사돈(← 바깥)
>
> 오늘은 왠지(← 왜인지) 기분이 좋아.

'밭다리', '밭벽', '밭사돈'의 '밭'은 '바깥'에서 온 말이므로 받침을 'ㅌ'으로 적는다.* '왠지'와 '웬지'를 구별하는 것도 본딧말의 표기와 관련이 있다. '왜인지'에서 줄어든 말이므로 '왠지'로 일관되게 적는다. '웬 낯선 사람이 찾아왔던데?'와 같은 경우는 '왜'와 관계가 없는 말이다.

> 이게 웬 날벼락이람?

'-대'와 '-데'를 구분하는 데에도 원래의 말이 무엇인지 따져 보아야 한다. '-대'는 직접 경험한 사실이 아니라 남이 말한 내용을 간접적으로 전달할 때 쓰인다.

- '밭-'은 옛말 '밨'에서 온 말이므로 국어사적 관점에서 보면 '밧'으로 적는 것이 합리적이다. 그렇다고 '밭-'으로 적는 것이 비합리적이라고 할 수는 없다. '밭-'은 '바깥'과의 공시적인 관련성에 초점을 둔 표기이고, '밧'은 국어사적 관점에 초점을 둔 표기인 셈이다.

영희가 그러는데 철수가 결혼한대.

슬기도 오겠대?

'-대'가 이러한 의미를 갖게 된 것은 '-ㄴ다고 해'에서 줄어들었기 때문이다. 말은 줄어들었지만 의미는 그대로 간직하고 있다.

영희가 그러는데 철수가 결혼한대(← 결혼한다고 해).

슬기도 오겠대(← 오겠다고 해)?

'결혼한대'는 '결혼한다고 해'가 줄어든 말이고 '오겠대'는 '오겠다고 해'가 줄어든 말이다. '결혼한대'와 '오겠대'의 '대'를 '데'로 적지 않는 것은 '해'의 'ㅐ'를 그대로 유지하기 때문이다.

'-데'는 말하는 사람이 과거에 직접 경험한 사실을 나중에 회상하여 말할 때 쓰이는 말로 '-더라'와 같은 의미를 전달한다. 즉, '해'와 관련이 있는 말은 '대'로 적고 '-더라'와 관련이 있는 말은 '데'로 적는다고 할 수 있다.

두 살배기가 아주 말을 잘하데(← 잘하더라).

슬기는 아이가 둘이데(← 둘이더라).

• '-대'는 다음과 같이 놀라거나 못마땅하다는 뜻으로 쓰이기도 한다. '왜 이렇게 일이 많대?', '김치가 어쩜 이렇게 맛있대?'

준말

준말은 본딧말에서 음절 수가 줄어서 형성된 말이다. 준말이 만들어지는 것은 말의 경제성과 관련이 있다. 말을 가능한 한 적게 하면서 의사를 전달하는 것이 더 효과적이다. 준말은 주로 구어(말로 하는 언어)에서 많이 나타난다.

노을 → 놀
가을 → 갈
그런데 → 근데
시원찮다 → 션찮다
사범대학 → 사대

준말은 본딧말의 형태적인 특징을 그대로 간직하고 있다. 말을 줄이되 식별할 수 있는 특징은 살리는 것이 준말을 형성하는 원리다. 이러한 준말 형성의 원리는 최근의 SNS에서 폭넓게 나타나는 준말에서도 마찬가지로 나타난다. 다만 요즘에 쓰이는 준말은 단어보다 큰 문장 단위에서 줄어들거나 두음절어가 많아지는 등 예전보다 폭이 넓어진 것이 특징이다.

너무 → 넘

내용 → 냉

그냥 → 걍

지금 → 짐

귀엽다 → 겹다

강력 추천 → 강추

비밀 번호 → 비번

아이스아메리카노 → 아아

아웃사이더 → 아싸

지켜 주지 못해 미안해 → 지못미

할 말은 많지만 하지 않는다 → 할많하않

다른 말이 되어도
원래의 형태를 유지한다

국어에서는 자립적인 두 말이 새로운 말을 만드는 일이 있다.

밤과 낮의 길이가 같은 날.

주문이 밀려서 밤낮으로 공장을 돌리고 있어.

위에서 '밤'과 '낮'은 '밤', '낮'이 각각 자립적으로 쓰인 경우이고 '밤낮으로'의 '밤낮'은 새로운 말이 만들어진 경우이다. 이처럼 자립적으로 쓰이는 말이 새로운 말을 형성할 때 소리가 달라지는 일이 있다. 눈곱[눈꼽], 눈살[눈쌀]이 그러한 경우다.

[누네 눈꼬비 끼여써]

[눈씨를 찌푸리던데]

　그런데 [눈꼽]과 [눈쌀]로 소리가 나지만 적을 때는 '눈곱', '눈살'로 적는다. 소리대로 적으면 분명히 '눈꼽', '눈쌀'로 적어야 하는데 '눈곱', '눈살'로 적는 이유는 무엇일까? 그것은 '곱'*과 '살'이 자립적으로 쓰이는 말이기 때문이다.

　　눈에 곱이 끼었어.
　　눈가 살에 주름이 많아졌어.

　자립적으로 쓰일 때 '곱', '살'로 쓰이므로 '눈＋곱', '눈＋살'의 형태로 새로운 말을 만드는 경우라 하더라도 '눈곱', '눈살'로 적는 것이 유리하다. '곱'과 '살'의 의미가 유지되고 있으므로 하나의 개념을 하나의 형태로 일관되게 적는 원리가 적용된다.

　　눈병이 났는지 눈곱(눈꼽(×))이 끼었어.
　　그만한 일로 눈살(눈쌀(×))을 찌푸리고 그래?

　아래의 경우도 소리와 표기가 다르다. [껄], [께], [꺼야]로 된

●　옛말에서 '곱'은 '기름'의 뜻으로 쓰였다. '도틴 곱을 노겨 골 밍ᄀ라(『구급방언해』, 15세기)'는 '돼지의 기름을 녹여 고를 만들어'의 뜻이다.

소리가 나지만 적을 때는 '할걸', '줄게', '거야'로 적는다.

조금만 더 기다릴걸.

내가 해 줄게.

노래를 할 거야.

자연과 벗하고 살거냐?

그런데 '齒', '蝨'를 한글로 적을 때는 이와는 다른 원리가 적용된다. '齒', '蝨'는 단독으로 쓰일 때는 '이'로 적는다.

이가 아파서 치과에 가야겠다.

예전에는 머리에 이가 있었단다.

그렇지만 [니]나 [리]로 소리 나는 합성어에서는 '니'로 적는다.

젖니, 덧니, 사랑니, 어금니, 틀니

머릿니, 가랑니

한편 '윗잇몸'은 [윈닌몸]으로 소리가 나지만 '잇몸'과의 형태적 관련성을 고려하여 '윗잇몸'으로 적는다.

'젖니'와 '눈곱'의 차이

'눈곱[눈꼽]'에 비교하면 '젖니', '머릿니' 등은 원래의 형태를 밝히지 않고 소리 나는 대로 적었다는 점에서 예외적이다. '젖이', '머릿이'로 적으면 [저지], [머리시]로 읽게 될 것을 우려한 것으로 보인다. 그렇지만 '이' 모음 앞에서 'ㄴ'이 첨가되는 경우가 존재하므로(솜이불[솜니불], 꽃잎[꼰닙]) 형태를 밝혀 '젖이', '머릿이'로 적어도 [전니], [머린니]로 발음할 수 있다.

소리가 완전히 달라졌을 때는
달라진 대로 적는다

그렇지만 표기의 일관성을 지키면 소리가 달라지는 경우에는 소리대로 적어야 한다. 예를 들어 '거칠다', '거칠고', '거칠어'에서는 '거칠-'로 일관되게 적을 수 있지만 '-은'이 연결될 경우에는 '거친'이 되므로 '거칠은'으로 적을 수 없다.

    하늘을 나는(날으는(×)) 비행기.
    거친(거칠은(×)) 벌판에 푸른 솔잎처럼.
    녹슨(녹슬은(×)) 철마는 달리고 싶다.
    낯선(낯설은(×)) 세상은 나를 설레게 한다.

  '날으는', '거칠은', '녹슬은', '낯설은' 등으로 적을 경우 [나르는], [거치른]이 되어 표준어인 [나는], [거친]과는 다른 말이 되어 버린다. 사람들이 '날으는', '거칠은' 등을 많이 쓰는 것은 사실이지만 이러한 형태를 표준으로 받아들이기에는 문제가 있다. 국어에는 다음과 같이 '놀으는'이 '노는'으로, '갈으는'이 '가는'으로 바뀌는 현상이 존재한다.

놀이터에서 노는(놀으는(×)) 아이들.
칼을 가는(갈으는(×)) 요리사.

'노는'을 '놀으는'으로 쓰거나 '가는'을 '갈으는'으로 쓰는 일이 없는 것처럼 '날으는', '거칠은' 등도 '나는', '거친'으로 바뀌는 것이 합리적이다. 이러한 점은 아래의 '절은 → 전, 졸은 → 존'도 마찬가지다.

기름때에 전(절은(×)) 작업복.
버스 안에서 존(졸은(×)) 사람.

한편 '날아가는'을 '날라가는'으로 잘못 쓰는 일도 적지 않다. [날라가는]이라고 발음을 잘못하기 때문이다.

멀리 날아가는(날라가는(×)) 비행기.

'오늘이 몇 년, 몇 월 며칠이지?'라고 할 때의 '며칠' 또한 '몇 년, 몇 월'과의 일관성을 고려하면 '몇 일'로 적을 것으로 예상할 수 있다. 하지만 '몇 월'이 [며뒬]로 소리 나듯이 '몇 일'은 [며딜]로 소리 난다. 따라서 표준어 [며칠]은 '며칠'로 적어야 한다.

오늘이 몇 년 몇 월 며칠(몇 일(×))이지?

'몇 일'의 소리가 [며칠]이 아니라 [며딜]이라는 것은 '몇 월 [며뒬]'과 비교해 보면 알 수 있다. '몇 월'과 '몇 일'은 소리가 나는 환경이 동일하다. 둘 다 'ㅊ' 받침으로 끝나고 뒤에 모음이 오는 환경이다. 따라서 두 말의 발음은 동일할 것으로 예상할 수 있다. '몇'은 [면]으로 발음되는데 이때의 받침소리 [ㄷ]이 뒤에 오는 모음에 이어져 소리가 나기 때문에 '몇 월[며뒬], 몇 일[며딜]'이 되는 것이다.*

몇 년[면년] / 몇 월[며뒬] / 몇 일[며딜]

---

* '몇 일'을 [면닐]로 발음할 가능성이 있지만 대개 '일'이 '日'의 의미일 때는 '경축일[경추길]', '봉급일[봉그빌]', '성탄일[성타닐]'처럼 'ㄴ'이 첨가되지 않는 경향이 있고 '일'이 '事'의 의미일 때는 '앞일[암닐]', '밭일[반닐]', '가욋일[가원닐]', '궂은일[구즌닐]'처럼 'ㄴ'의 첨가가 일어나는 경향이 있다.

'몇 일'과 '며칠'은 쓰임이 다르다고 생각하는 일도 있지만 현재는 '몇 일'이 쓰이는 경우는 없고 언제나 '며칠'이 쓰인다.

> 며칠간 고향에 다녀올게.
> 어머니 생신이 1월 며칠이지?

이에 따라 다음과 같은 경우도 언제나 '십며칠, 이십며칠'과 같이 적는다.

> 오늘이 이십며칠이지?
> 약속한 날에서 십며칠이나 지났어.

'아'는 '아'끼리,
'어'는 '어'끼리 연결한다

국어의 동사나 형용사는 의미를 담고 있는 부분과 그렇지 않은 부분으로 나눌 수 있다.

아름답-고, 깨끗하-지, 빨갛-게, 먹-어서

'아름답-', '깨끗하-', '빨갛-', '먹-'은 의미, 거기에 연결된 '-고', '-지', '-게', '-어서'는 기능을 담당하는 부분이다.

의미를 담당하는 부분을 '어간語幹'이라 부르고 기능을 담당하는 부분을 '어미語尾'라 부른다. '말의 줄기'와 '말의 꼬리'인 셈이다. 이 어간과 어미가 연결되는 것을 '활용'이라고 한다. 다음은 '반듯하-'에 '-다', '-니', '-고', '-지'가 결합한 경우이다.

반듯하-다, 반듯하-니, 반듯하-고, 반듯하-지……

　그런데 어미가 연결될 때에는 동사나 형용사의 모음에 따라 아래와 같이 일정한 규칙이 존재한다.

　막-아, 볶-아, 얕-아 / 먹-어, 죽-어, 뱉-어

　위에서 알 수 있듯이 '막-', '볶-', '얕-'처럼 '아', '오', '야'가 들어 있는 말 뒤에는 '-아'가 연결되어 '막아', '볶아', '얕아'가 되고 '먹-'처럼 그 외의 모음이 들어 있을 경우에는 '-어'가 연결된다. 따라서 '철수는 잠깐 남어라.'의 '남어라'는 '남아라'로 고쳐야 옳고 '침을 뱉았다.'의 '뱉았다'는 '뱉었다'로 고쳐야 옳다.

　철수는 잠깐 남아라(남어라(×)).
　아무곳에나 침을 뱉었다(뱉았다(×)).

　어간의 모음에 따라 연결되는 어미의 형태는 아래와 같다.

어간 끝 음절의 모음	어미의 형태
ㅏ, ㅗ	-아(아라, 아서, 아도, 아야)(았, 았었)
ㅐ, ㅓ, ㅔ, ㅚ, ㅜ, ㅞ, ㅟ, ㅡ, ㅢ, ㅣ	-어(어라, 어서, 어도, 어야)(었, 었었)

또한 특정한 어미가 연결될 때 전체의 모습이 바뀌는 경우도 있는데 이때도 일정한 규칙이 존재한다.

잠그-다, 잠-가, 잠그-니 / 담그-다, 담-가, 담그-니

푸르-다, 푸르러 / 누르-다, 누르러*

머무르-다, 머물러 / 들르-다, 들러

'잠그-'는 '-어'가 연결되면 '잠가'로 모양이 바뀐다. '담그-'도 마찬가지다. 이처럼 전체 모양이 바뀌는 경우 '불규칙 활용'이라고 한다.** '물을 잠궈라.'의 '잠궈라'는 '잠가라'로 고쳐야 옳고 '바닷물에 손을 담궜다.'의 '담궜다'는 '담갔다'로 고쳐야 옳다.*** '머무르-'는 '-어'가 연결되면 '머물러'가 되고 '들르-'는 '들러'가 된다.

불규칙 활용에는 아래와 같은 종류가 있다.

① 긋다, 그어, 그으니, 그었다

• '누르다'는 '빛깔'의 의미 때는 '누르러'로 활용하고 '압박'의 의미일 때는 '눌러'로 활용한다.
•• 학교 문법에서는 '살-+-는→사는'의 'ㄹ' 탈락과 '담그-+-아→담가'에서 '으'가 탈락하는 경우에는 불규칙 활용으로 처리하지 않는다.
••• '잠궈, 담궈'와 같은 활용형은 어간을 '잠그다', '담그다'가 아닌 '잠구다', '담구다'로 잘못 인식한 데서 비롯하는 현상이다.

모음으로 시작하는 어미가 결합할 때 **어간의 끝 'ㅅ'이 줄어든다.**

② **까맣다**, 까마니, 까매, 까마면, 까마오, 까마네/까맣네

모음으로 시작하는 어미가 결합할 때 **어간의 끝 'ㅎ'이 줄어든다.** '-네'가 결합할 때는 '까마네 / 까맣네'가 모두 가능하다.

③ **푸다**, 퍼, 펐다 / **뜨다**, 떠, 떴다 / **담그다**, 담가, 담갔다

모음으로 시작하는 어미가 결합할 때 **어간의 끝 'ㅜ, ㅡ'가 줄어든다.**

④ **걷다[步]**, 걸어, 걸으니, 걸었다

모음으로 시작하는 어미가 결합할 때 **어간의 끝 'ㄷ'이 'ㄹ'로 바뀐다.**

⑤ **가깝다**, 가까워, 가까우니, 가까웠다 / **돕다**, 도와 / **곱다**, 고와

모음으로 시작하는 어미가 결합할 때 **어간의 끝 'ㅂ'이 'ㅜ'로 바뀐다.** '돕다, 곱다'는 '도와, 고와'로 바뀐다.

⑥ **하다**, 하여, 하여서, 하여도, 하여라, 하였다

'하-'에 '-어'가 연결되면 '하여'가 된다. '하여'는 '해'로 줄어든다.

⑦ **이르다[至]**, 이르러, 이르렀다

모음으로 시작하는 어미가 결합할 때 **어간의 끝음절 '르' 뒤에 오는 어미 '-어'가 '-러'로 바뀐다.**

⑧ **가르다**, 갈라, 갈랐다

모음으로 시작하는 어미가 결합할 때 **어간의 끝음절 '르'의 'ㅡ'가 줄고, 그 뒤에 오는 어미 '-아/-어'가 '-라/-러'가 된다.**

'파래 / 퍼레', '저래'의 차이

'파랗다'와 '퍼렇다'에 '-어'가 연결될 경우 모음조화에 따라 활용형이 결정된다. '파랗다'는 '파래'가 되고 '퍼렇다'는 '퍼레'가 된다.

가을에는 하늘이 파래(←파랗-+-어) / 퍼레(←퍼렇-+-어).

하지만 '저렇다'와 '그렇다'는 모음조화에 따라 결정되지 않고 언제나 '애' 형태의 '저래'와 '그래'가 된다.

철수는 늘 저래(←저렇-+-어) / 그래(←그렇-+-어).

색채를 나타내는 말의 활용을 제시하면 아래와 같다.

파래지다, 노래지다, 빨개지다, 하얘지다
퍼레지다, 누레지다, 뻘게지다, 허예지다

명사형 어미 '-(으)ㅁ' 결합하기

동사나 형용사의 어간에 '-(으)ㅁ'이 연결되면 명사형이 만들어
진다.

추운 날씨가 발목을 잡음(← 잡-+-음).

봄꽃이 무척 예쁨(← 예쁘-+ㅁ).

'있다', '없다'의 '있-', '없-'에도 '-(으)ㅁ'이 연결되면 명사형
이 된다. 그런데 이때는 '있슴', '없슴'으로 잘못 쓰는 일이 많다.

나는 고향에 있음(있슴(×)).

돈이 한 푼도 없음(없슴(×)).

‘있음’을 ‘있슴’으로, ‘없음’을 ‘없슴’으로 잘못 쓰는 일이 많은
것은 ‘있음’과 ‘있슴’이 소리가 같기 때문에 나타난 현상이다.
‘있-+-음’, ‘없-+-음’이므로 ‘있음’과 ‘없음’이 옳다. 이러한 혼
동은 ‘먹-’의 경우를 생각하면 쉽게 벗어날 수 있다.

잔칫집에서 맛있는 음식을 먹음(←먹-+-음).

‘먹-’의 경우에 ‘먹음[머금]’이 맞고 ‘먹슴[먹씀]’이 되지 않는다.
‘있읍니다’와 ‘있습니다’를 혼동하는 경우에도 ‘먹습니다[먹씀니
다]’를 ‘먹읍니다[머급니다]’라고 하지 않는다는 것을 생각하면 ‘-
습니다’가 결합한 ‘있습니다’가 맞는 말임을 알 수 있다.

점심에는 국수를 먹습니다[먹씀니다].
점심에는 국수를 먹읍니다[머급니다](×).

‘있사오니’, ‘있아오니’도 발음이 같아서 혼동이 많은 경우다.
‘있사오니’와 ‘있아오니’는 소리로는 구별하기가 어렵다.

버스비가 100원 인상되었사오니(인상되었아오니(×)) 모두 양지
하시기 바랍니다.

이때도 다른 말로 바꾸어서 비교하면 쉽게 구별할 수 있다.

　　당신만 믿사오니[믿싸오니] 최선을 다해 주세요.
　　당신만 믿아오니[미다오니](×) 최선을 다해 주세요.

　'ㄹ' 받침이 있는 말에 '-(으)ㅁ'이 연결되어 명사형이 될 경우 'ㄹㅁ'이 된다. 예를 들어 '만들다'의 명사형은 '만듦', '졸다'의 명사형은 '졺'이 된다.

　　알다 → 앎, 줄다 → 줆, 밀다 → 밂, 놀다 → 놂, 길다 → 긺
　　날다 → 낢, 갈다 → 갊

　한편 이러한 말들은 잘못 읽는 일이 많다. 예를 들어 '만듦이'는 [만드미]로 잘못 읽는 일이 많다. [만들미]로 읽어야 한다. '삶' 또한 '살음'으로 잘못 알고 있는 경우가 적지 않다.

　　이 나무로는 의자를 만듦이(만듬이(×)) 좋겠다.
　　서울에서 3년간 삶(살음(×)).

명사형 '욺'과 명사 '울음'의 차이

슬픈 소설을 읽고 하루 종일 욺(울음(×)).

울음(욺(×))을 뚝 그치고 어서 밥 먹자.

'욺'과 '울음'은 둘 다 '울다'에서 온 말이고 명사적인 특징을 가지고 있지만 '욺'은 서술어로 쓰일 수 있고 '울음'은 명사로만 쓰인다는 특징이 있다. 국어에서 서술어와 명사의 기능을 모두 가지는 '욺'을 명사형이라고 한다. 동사와 명사의 기능을 모두 가지고 있다는 점에서 '동명사'라고 부르기도 한다. '울다'는 명사형과 명사가 형태가 다른 경우이지만 '살다'처럼 같은 경우도 있다. '살다'는 형태만으로는 명사형과 명사가 구분되지 않는다.

나 혼자서 쓸쓸히 삶.

행복한 삶이란 무엇인가?

'나 혼자서 쓸쓸히 삶'의 '삶'은 서술어의 기능을 나타낸다. 부사 '쓸쓸히'의 수식을 받는다는 점에서도 '삶'이 동사임을 알 수 있다. 그렇지만 '행복한 삶이란~'의 '삶'은 단순히 명사의 기능만을 가지고 있다. 관형어 '행복한'의 수식을 받는 것을 보아도 명사라는 것을 알 수 있다.

'-이'가 결합한 말 적기

'뻐꾹뻐꾹' 소리 내는 새는 어떻게 적을까? '뻐꾹이일까? 뻐꾸기
일까?' 답은 '뻐꾸기'이다. 의성어인 '뻐꾹'을 생각해 보면 '뻐꾹
이'가 될 것 같지만 '뻐꾹이'가 아니라 '뻐꾸기'이다. '-하다'나 '-
거리다'가 붙는 말에 다시 '-이'가 붙어서 명사가 된 것은 원형을
밝혀 적는다는 원칙에 따른 것이다.

  '-하다'나 '-거리다'가 붙을 수 없는 경우에는 원형을 밝혀 적
지 않는다.

    개구리(← 개굴거리다(×), 개굴이(×))

    뻐꾸기(← 뻐꾹거리다(×), 뻐꾹이(×))

    얼루기(← 얼룩거리다(×), 얼룩이(×))

누더기(← 누덕하다(×), 누덕이(×))

'개구리', '뻐꾸기', '얼루기'의 경우 '개굴거리다', '뻐꾹거리다', '얼룩거리다'가 성립하지 않으므로 '개굴이', '뻐꾹이', '얼룩이'로 적지 않고 '개구리', '뻐꾸기', '얼루기'로 적는다. '얼루기'는 '얼룩얼룩한 점이나 무늬'나 '그런 점이나 무늬가 있는 대상'을 말한다.

이러한 말들은 '개굴거리다, 뻐꾹거리다, 얼룩거리다'는 성립하지 않지만 의미가 비슷한 '개굴개굴하다, 뻐꾹뻐꾹하다, 누덕누덕하다, 얼룩얼룩하다'는 존재해서 비슷한 의미를 전달한다.

이와는 달리 '어린아이들이 돼지를 부르는 말'은 '꿀꿀이'로 적는다. 이 말도 의성어인 '꿀꿀'이 기준이 아니라 '-하다'나 '-거리다'가 붙는 말에 다시 '-이'가 붙어서 명사가 된 말인지 여부가 기준이다.

꿀꿀이(←꿀꿀거리다, 꿀꾸리(×))

오뚝이(←오뚝하다, 오뚜기(×))

더펄이(←더펄거리다, 더퍼리(×))•

• '더펄거리다'는 '들떠서 침착하지 못하고 자꾸 경솔하게 행동하다'의 뜻이고 '더펄이'는 '더펄거리는 사람'을 의미한다.

삐죽이(←삐죽거리다, 삐주기(×))*

　즉 '꿀꿀거리다, 오뚝하다, 더펄거리다, 삐죽거리다'가 성립하
므로 '꿀꿀이, 오뚝이, 더펄이, 삐죽이'로 적을 수 있는 것이다.**

● 　삐죽이: 사소한 일에 쉽게 토라지는 사람을 놀림조로 이르는 말.
●● '도우미'는 '남에게 봉사하는 사람. 또는 어떤 일을 거들어 주기 위해 채용된 사람.'
　이라는 의미로 『표준국어대사전』에 등재되어 있다. 이 말은 1993년 대전 엑스포에
　서 인위적으로 만들어져 처음 사용된 말이다. 따라서 '도움+이'에서 출발한 말이라
　고 하기 어려우므로 '도와 주는 사람'이라는 의미로 가끔 사용되는 '도움이'와는 차
　이가 있다.

줄어들어 형태가 바뀔 경우
바뀐 대로 적는다

'되-'와 '돼-'의 차이는 무엇일까? '되-'에 '어'로 시작하는 어미가 연결되어 줄어들면 '돼'가 된다. '되-+-었다 → 됐다', '되-+-어서 → 돼서'가 그러한 경우다.

즉 [됃따]라는 말을 '됐다'로 적을지, '됬다'로 적을지는 '되었다'로 풀 수 있느냐에 따라 결정하면 된다. 풀 수 있으면 '돼'를, 풀 수 없으면 '되'를 쓴다.

철수는 고등학생이 됐다(←되었다).

자식이 돼서(←되어서) 그게 할 소리냐?

나도 내년이면 고등학생이 돼(←되어).

위의 예들은 모두 '되어-' 꼴로 풀 수 있으므로 '돼'를 쓴 것이다. '고등학생이 되어.'가 다소 어색한 것은 늘 줄어든 형태인 '고등학생이 돼.'로 쓰이는 일이 많기 때문이다. 아래는 '되어-'로 풀 수 없으므로 '되-'를 쓰는 경우이다.

> 우리 모두 착한 사람이 되자(되어자(×)).
> 우리는 언제 어른이 될까(되얼까(×))?
> 선생님께서 부지런한 사람이 되라고(되어라고(×)) 말씀하셨다.
> 이거 먹어도 되죠(되어죠(×))?

'괴어', '뵈어', '쇠어', '쐬어'도 '되어'와 동일한 모습을 보인다.

> 지게를 쓰러지지 않게 작대기로 괴어(→ 괘) 놓았다.
> 선생님을 오랜만에 뵈었다(→ 뵀다).
> 교외에 나가 바람을 쐬었다(→ 쐤다).

한편 '되라'와 '돼라'는 둘 다 가능하다. '되라'는 되-'에 간접적, 문어적 명령을 나타내는 '-으라'가 연결된 말이고* '돼라'

• '-으라'는 표어나 급훈, 교훈 등에 주로 쓰인다. '보라! 동해에 떠오르는 태양', '나라의 동량이 되라' 등이 그러한 예이다. 시험 문제를 출제할 때 '올바른 답을 쓰라/써라'에서는 시험을 보는 상황을 문어적으로 표현할 수도 있고 구어적으로 표현할 수도 있으므로 둘 다 가능하지만 의미가 다르다.

는 직접적, 구어적 명령을 나타내는 '-어라/아라'가* 연결된 말이다.

> 다음 물음에 올바른 답을 쓰라(← 쓰-+-으라).
> 다음 물음에 올바른 답을 써라(← 쓰-+-어라).
> 알맞은 답을 골라라(← 고르-+-어라).
> 알맞은 답을 고르라(← 고르-+-으라).

한편 말이 줄어들지만 적을 방법이 없는 경우가 있다. 국어에서는 '사귀어'와 '바뀌어'와 같이 'ᅱ+어'의 구조로 되어 있는 말의 준말을 표기할 방법이 없다. 한글에 'ᅯ'와 같은 모음의 조합이 존재하지 않기 때문이다. 흔히 [사겨], [바껴]라고 말하지만 이는 '사기어', '바끼어'가 준 말이다.

> 너희 둘이 사귀어(사겨(×)) 보면 어떨까?
> 내 것과 네 것이 바뀌었어(바꼈어(×)).
> 모두 편히 쉬어라(셔라(×)).

● '말다'에 '-어라/아라'가 결합할 경우 '걱정하지 말아라(→ 마라)', '걱정하지 말아요(→ 마요)', '걱정하지 말아(→ 마)'와 같이 줄어들 수 있다. 얼마 전까지 '마라'를 표준어로, '말아라'를 비표준어로 다루기도 했지만 지금은 둘 다 복수 표준어이다.

'ㅟ'로 끝나는 '사귀다', '바뀌다', '할퀴다', '튀다', '쉬다' 등이 모두 이러한 문제를 안고 있다. 구어에서는 존재하지만 문어에서는 표기할 수 없는 특이한 경우이다.

'되-+-어'는 어떻게 '돼'가 될까?

> 멋진 사람이 되어라(→ 돼라).
> 벌써 가을이 되었다(→ 됐다).

한글 맞춤법에서는 '되-'에 '-어'가 연결되어 줄면 '돼'가 된다고 설명하고 있다. 그렇지만 현재의 국어에 '되-'에 '-어'가 연결되어 '돼-'가 만들어지는 원리가 있다고 하기는 어렵다. '되-+-어 → 돼'는 표기의 차원에서 기술한 것으로 발음의 차원에서는 다음과 같이 나타낼 수 있다.

> 되[뒈]-+-어[어] → 돼[뒈]

발음의 차원에서는 모두 '되, 돼'는 모두 [뒈]로 소리 나므로 '되-+어 → 돼'는 [뒈]에 [어]가 결합했다가 탈락해서 [뒈]가 유지되는 것에 불과하다. 국어학적으로 '돼'는 '되-'

에 '-아'가 결합한 다음 통시적인 변화를 겪어서 형성된 이전의 결과물이다. 그러므로 현재의 '돼' 표기는 이전에 형성된 역사적인 표기를 채용하고 있는 것이라고 할 수 있다.

'이에요/이어요'의 줄어듦

복수 표준어 '이에요/이어요'가 받침이 없는 말과 연결될 때 음절 수가 줄어든다.

당신은 누구이에요/누구이어요(→ 누구예요/누구여요)

이때 음절의 축약이 일어나면 '누구이에요'는 '누구예요'가 되고, 탈락이 일어나면 '누구에요'가 된다. 그런데 이 가운데 '누구예요'가 규범형이다. 구어에서는 '누구에요'도 널리 쓰이지만 '누구이어요'의 경우, 축약된 '누구여요'에 비해 탈락된 '누구어요'가 어색하다는 점에서 음절 축약이 일어난 형태를 규범형으로 삼은 것이라 할 수 있다.

'먹어라'일까?
'먹거라'일까?

'늦었으니 어서 가거라'의 '가거라'는 '가-'에 '-거라'가 결합한 말이다. 이때의 '-거라'는 명령형 어미로 '-어라/아라'와 의미와 함께 쓰인다. 예전에는 '-거라'는 '가다'를 비롯한 일부 자동사의 어간과 결합하는 것으로, '-거라'가 결합하는 현상을 '거라 불규칙'이라고 하고 이에 속하는 용언은 '-어라/아라'가 결합할 수 없다고 규정하였다.

> 다들 집에 가거라(가라(×)).
> 다들 많이 먹어라(먹거라(×)).

즉 국어에서 '가다'는 명령형 어미 '-거라'가 결합할 수 있는 반면에 '-어라/아라'는 결합할 수 없고 '가다' 외의 많은 용언은 이와는 반대로 '-어라/아라'는 결합할 수 있지만 '-거라'는 결합할 수 없다.* 그런데 이러한 규정은 실제의 언어 현상과는 차이가 있어서 현실에서는 '다들 집에 가거라'와 함께 '다들 집에 가라(← 가아라)'가, '밥을 먹어라'와 함께 '밥을 먹거라'가 쓰일 수 있었다.

(자리에) 앉거라/앉아라, (밥을) 먹거라/먹어라, (손을) 잡거라/잡아라 …

'-거라'가 타동사의 어간과도 자유롭게 결합할 수 있을 만큼 분포의 제약이 없으므로 더 이상 '거라 불규칙'을 설정하는 것은 의미가 없다고 할 수 있다. 여기에 '-거라'와 '-어라/아라'의 의미 차이를 고려하면 '-거라'와 '-어라/아라'는 서로 다른 의미를 가진 명령형 어미로 구분하는 것이 합리적이다.

(친구들에게) 많이들 먹어라/*먹거라
(제자들에게) 많이들 먹거라/먹어라

'먹거라'와 '먹어라'는 화자와 청자의 관계에서 차이가 있다. 화자와 청자의 관계가 동등한 경우에는 '먹거라'가 부자연스럽다. 이에 비해 화자가 청자보다 상위자일 경우에는 '먹거라'가 자연스럽다. 이처럼 '-거라'와 '-어라/아라'의 의미가 서로 다르므로 얼마 전부터 이 둘을 서로 다른 명령형 어미로 구분하고 있다.

'-거라'의 변화 과정

『표준국어대사전, 1999』

-거라「어미」('가다'나 '가다'로 끝나는 동사 어간 뒤에 붙어)해라할 자리에 쓰여, 명령의 뜻을 나타내는 종결 어미.
• 어서 **가거라**. • 그만 **물러가거라**.

『표준국어대사전, 2017』

-거라「어미」('오다'를 제외한 동사 어간 뒤에 붙어)해라할 자리에 쓰여, 명령의 뜻을 나타내는 종결 어미. '-어라'보다 예스러운 느낌을 준다.
• 어서 **가거라**. • 그만 **물러가거라**.
• 가만히 **있거라**. • 빨리 **먹거라**.

『표준국어대사전, 2020』

-거라「어미」(동사 어간 뒤에 붙어)해라할 자리에 쓰여, 명령의 뜻을 나타내는 종결 어미. '-어라'보다 예스러운 느낌을 준다.
• 어서 **가거라**. • 그만 **물러가거라**.
• 가만히 **있거라**. • 빨리 **먹거라**.

국어사전에서는 '거라 불규칙'의 변화 과정이 분명하게 나타난다. '가다' 뒤에 붙는다는 제약이 '오다'가 아닌 동사와 결합한다는 제약을 거쳐 현재는 어떠한 제약도 없는 것으로 기술되고 있다. 사전에 따르면 다음과 같은 세 단계의 변화를 설정할 수 있다.

1단계	2단계	3단계
어서 가거라/*가라	어서 가거라/가라	어서 가거라/가라
어서 오너라/*오거라	어서 오너라/*오거라	어서 오너라/오거라
빨리 *먹거라/먹어라	빨리 먹거라/먹어라	빨리 먹거라/먹어라

현재의 3단계에서는 '-거라'와 '-어라/아라'는 서로 의미 차이가 있는 별개의 명령형 어미로 기술되고 있다. '오다' 다음에 쓰이는 '-너라'는 '-거라'와 동일한 의미를 지니는데 '오너라'처럼 '오다'와만 결합한다는 특징이 있다.

(제자들에게) 어서 와라(←오-아라)/오너라/오거라

(친구들에게) 어서 와라/*오너라/*오거라

'요'와 '오', 제대로 구분하자

실제 국어생활에서 혼동이 되는 말 중에는 소리가 같아져서 구분하기가 쉽지 않은 예들이 있다. 이러한 말들을 구분하기 위해서는 문법적인 특성을 이해해야 한다. 아래의 예는 국어에서 '요'와 '-오'가 나타나는 경우이다.

무엇을 할까요?
말씀 낮추십시오(요(×)).

국어에서 '요'는 말이 끝난 다음에 덧붙어서 높임의 뜻을 나타낸다. '무엇을 할까'에 '요'가 덧붙으면 '할까요'가 된다. 그런 까닭에 '할까요'에서 '요'가 빠져서 '할까'가 되더라도 문장이 성립하는 데는 이상이 없다.

그렇지만 '-오'는 빠질 경우 '앉아 주십시-'에서 알 수 있듯이 문장이 성립하지 않는다는 점에서 '요'와는 다르다. '이리 오시오', '무엇 하오'에서도 '오'를 빼면 문장이 성립하지 않는다.

앉아 주십시오.

앉아 주십시-. (×)

말이 끝난 다음에 덧붙여 존대의 뜻을 나타내는 '요'의 이러한 특성은 '예'에 상대되는 말이 '아니오'인지 '아니요'인지를 결정하는 근거가 된다.

'예'의 낮춤말 '응'에 상대되는 짝은 '아니'이다. 여기에 높임의 뜻을 나타내는 '요'가 붙어서 '아니요'가 되었다고 설명하면 '응, 아니'와 '예, 아니요'가 등급의 차이를 두고 서로 짝을 맞춰 존재하는 현상을 적절하게 보여 줄 수 있다.

청자 높임(○)	예	↔	아니요
	↑		↑
청자 높임(×)	응	↔	아니

따라서 '예'에 상대되는 말은 '아니요'임을 알 수 있다.

다음 물음에 예, 아니요(아니오(×))로 답하시오.
아니요(아니오(×)) 슬기가 아니라 지혜가 온다고 했어요.

'아니오'는 '나는 요리사가 아니오', '그것은 당신 책임이 아니오'와 같이 '아니-'에 '-오'가 붙은 '하오체'의 서술어이다.

나는 당신이 생각하는 사람이 아니오.
요즘 얼마나 심려가 크시오?

한 가지 주의할 것은 '어서 오세요', '어서 오셔요'의 '오세요/오셔요'는 구조가 다르다는 점이다. 이들은 '오-+-세요/-셔요'로 분석되는 말로 위의 '요'와는 쓰임이 달라서 '요'를 생략하기가 어렵다.

아침부터 어디 가세요?
아침부터 어디 가세?(×)

한편 다음의 '-요'는 서술격조사 '이-' 다음에 나타나서 문장끼리 서로 연결해 주는 역할을 하는데 이 말은 역사적으로 '이고〉이오〉이요'의 과정을 겪어서 생긴 말로 위에서 다룬 '요'와는 관련이 없는 말이다. 이때의 '요'에는 청자를 존대하는 뜻이

들어 있지 않다.

　이것은 책이요 저것은 연필이다.
　이것은 책이 아니요 공책이다.

　위에서 '요'는 '이다, 아니다'의 어간 뒤에 나타난다는 특징이
있다. '아니다' 뒤에 '요'가 나타나는 것은 옛말에서 '아니'가 명사
로 쓰이던 것에서 비롯한 현상이다. '책이요'는 '책이고'에서 비
롯한 형태지만 현재는 둘 다 쓰이므로 '책이고'로 바꿔 써도 의미
의 차이는 없다.
　한편 아래의 '요'는 비슷해 보이지만 서로 기능이 다르므로 구
별할 필요가 있다.

　밖에 누구요?
　밖에 누구예요?

　'밖에 누구요?'는 '누구이오'와 관련이 있고 '밖에 누구예요'는
'누구이에요'가 줄어든 형태로 해요체의 어미 '-어요'가 결합한
형태이다. 전자에 비해 후자가 청자에 대한 높임의 의미를 더해
준다.

'요'의 문법적 특성

'요'는 말이 끝난 다음에 덧붙어서 청자에게 높임의 의미
를 더해 주는 말이다.

빨리 가지. → 빨리 가지요.

나는 가을이 정말 좋아. → 나는요 가을이요 정말요 좋
아요.

'요'가 청자를 존대하기는 하지만 격식이 있는 말투는 아
니다. 공식적인 경우에는 '-습니다'로 끝나는 '하십시오체'를
쓰는 일이 많다. '요'는 앞에 오는 말이 받침이 있느냐 없느
냐에 관계없이 '요'를 쓰는 것이 원칙이다.

철수야 그것 좀 집어 줄래?

소금요/소금이요?

그런데 현실적으로는 위의 '소금요'가 자연스럽지 않게
느껴진다. '소금이요'가 더 자연스럽다. 대표적인 사례로 뻥
튀기 장사가 외치는 '뻥이요/뻥요'를 들 수 있다.

연결 어미 '요'의 형성

현대 국어의 연결 어미 '요'는 "이것은 연필이요 저것은 지우개다"처럼 쓰인다. 그런데 이때의 '요'는 중세 국어에서 비롯한 것이다. 중세 국어에는 서술격 조사 '이-' 다음에 'ㄱ'이 약화되는 현상이 존재했다.

道理 닐온 거시 이 經이오 도리로 몸 사ᄆ시니 이 부톄
시니(『월인석보』 권1, 15세기)

위의 예는 '도리를 말한 것이 이 경이고 도리로 몸을 삼은 것이 이 부처시니'의 뜻으로 색 표시된 부분의 '이오'는 '이고'에서 온 말인데 'ㄱ'이 약화되어 '이오'로 실현되었다. 그런데 '이오'는 '이' 모음의 영향을 받아 [이요]로 소리 난다. 이 '이요'가 굳어져서 현재 연결 어미 '요'가 되었다. 현대 국어에서 '요'는 '이다'와 '아니다'의 어간 다음에만 나타난다. '아니다' 다음에 '요'가 나타나는 것은 중세 국어에서 '아니'가 명사여서 '아니' 다음에 서술격 조사 '이-'가 결합했기 때문이다.

아래의 예에서 '아니오'는 '아니(명사)＋이(서술격조사)

+고(연결어미)'의 구조를 가진 '아니고'에서 'ㄱ'이 약화된 결과이다. 현대 국어의 '아니-'는 이러한 구조에서 이미 형용사로 변하였지만 이전의 특성이 남아 있어서 연결 어미 '-요'가 여전히 결합할 수 있다고 설명할 수 있다.

執著을 더디 몯ᄒ니 조호미 아니오(『법화경언해』 권2, 15세기)
(집착을 덜지 못하니 깨끗함이 아니고)

상대 경어법 체계

'요'로 끝나는 말을 '해요체', '오'로 끝나는 말을 '하오체'라고 한 것은 상대 경어법의 체계에 따른 이름이다. 상대 경어법이란 화자가 청자에게 사용하는 높임말의 등급으로 종결 어미에 따라 분류한 것이다.

존대 정도에 따라 보통 '해라체〈해체〈하게체〈하오체〈해요체〈하십시오체'로 나누는 것이 보통이다. '해라체'가 제일 낮은 등급의 말이고 '하십시오체'가 가장 높은 등급의 말이다. '해라체', '하십시오체'라는 이름은 그 등급의 명령형 어미가 결합한 형태인 '해라'와 '하십시오'에서 딴 것이다. 요즘에는 '하게체'나 '하오체'는 잘 사용하지 않고 존대를 하는 경우에도 '하십시오체'보다는 '해요체'를 널리 사용하는 경향이 있다.

	서술형	의문형	명령형	청유형
하십시오체	-ㅂ니다	-ㅂ니까	-십시오	-십시다
해요체	해체 어미+요, -이에요, -이어요	해체 어미+요, -이에요, -이어요	해체 어미 +요	해체 어미 +요
하오체	-오, -우, -소, -구려, -ㅂ디다, -리다	-오, 우, -소, -ㅂ디까, -리까	-오, -우, -소, -구려	-ㅂ시다
하게체	-네, -ㄹ세, -ㅁ세, -데, -구먼, -이	-는가, -나, -던가, -인가	-게, -게나	-세
해체	-어, -지, -게, -데, -는군, -더군, -거든, -는데, -ㄹ걸, -ㄴ걸, -ㄹ게, -이야	-어, -지, -게, -네, -나, -ㄹ까, -ㄹ래, -ㄴ다면서, -이야	-어, -지	-어, -지
해라체	다, -ㄴ다, -겠다, -구나, -마, -더라, -는단다, -리라, -이다	-느냐, -니, -더냐, -지	-라, -렴, -려무나	-자, -자꾸나

'르'과 'ㄴ'은
단어 첫머리에 오기 어렵다

'한글 맞춤법'에서는 소리와 관련되는 현상을 규정하고 있는데 대표적인 것으로 두음 법칙을 들 수 있다. 두음 법칙은 아래에서 볼 수 있듯이 단어의 첫머리에서 'ㄴ', 'ㄹ' 소리를 꺼리는 현상을 말한다. 두음 법칙은 원칙적으로 한자어에만 적용되므로 '리을', '녀석' 같은 고유어에는 두음 법칙이 적용되지 않는다.*

역사歷史(력사(×)), 양심良心(량심(×)), 낙원樂園(락원(×))

리을(이을(×)), 녀석(여석(×))

* 고유어에 두음 법칙이 적용되는 것처럼 보이는 예가 '연놈(남자와 여자를 낮잡아 이르는 말)'이다. 그런데 언어 현실에서는 'ㄴ'이 첨가되어 [년놈]으로 발음되기도 해서 판단하기가 쉽지 않다.

자립적인 명사뿐 아니라 합성어와 고유 명사에서도 두음 법칙이 나타난다. '신여성', '남부여대'는 '신-여성', '남부-여대'로 분석되고 '한국여대', '서울이발관'은 '한국-여대', '서울-이발관'으로 분석되는 구조이므로 두음 법칙이 적용된다.

신여성新女性, 남부여대男負女戴

한국여대韓國女大, 서울이발관--理髮館

하지만 의존 명사일 때는 두음 법칙이 적용되지 않아서 '年度'는 자립적으로 쓰일 때는 '연도'가 되고 의존적으로 쓰일 때는 '년도'가 된다.* '신년도新年度', '고랭지高冷地'는 '신년-도', '고랭-지'로 분석되는 구조이므로 두음 법칙이 적용되지 않는다.

연도별 생산 실적, 회계 연도/회계연도

2018년도, 2000년대

신년-도, 구년-도, 고랭-지

'란/난', '량/양'의 경우에 한자어 다음에는 두음 법칙이 적용되지 않으므로 '란', '량'이 되고 고유어나 외래어 다음에는 두음

---

* 의존 명사에는 두음 법칙이 적용되지 않는다는 점에서 '녀석'을 '(그) 녀석', '(고) 녀석' 등에서 온 것으로 보아 '녀석'을 의존 명사로 다루는 방안도 생각해 볼 수 있다.

법칙이 적용되어 '난', '양'이 된다.

> 가정란, 투고란, 독자란, 학습란, 답란
> 어린이난, 어머니난, 가십난gossip欄
> 노동량, 작업량
> 일양, 알칼리양alkali量

한편 '율/률'의 경우에는 모음이나 'ㄴ' 받침 뒤에서는 '율'이 되고 그외의 받침 뒤에서는 '률'이 된다. 이는 외래어 뒤에서도 마찬가지다.

> 비율比率, 실패율失敗率
> 선율旋律, 전율戰慄, 백분율百分率
> 법률法律, 능률能率, 출석률出席率
> 에너지율energy率, 영률Young率*, 슛률shoot率

● 영률Young率: 고체 탄성률의 하나. 1807년에 영(Young, T)이 발견하였다.

두음 법칙 정리

두음 법칙은 단어의 첫머리(여성/남녀, 녹색/청록, 낙원/극락)와 두 단어가 결합한 합성어의 구조(해외-여행, 육체-노동)에 적용되는 것이 일반적인데 '신-여성', '연-녹색', '실-낙원'과 같이 1음절 한자어 다음에 두음 법칙이 적용되는 경우가 있다. 이는 2음절 한자어가 국어에서 단어처럼 인식되는 현상(新舊, 得失)과 '여성, 녹색, 낙원' 등이 자립적으로 쓰이는 말이라는 점에서 비롯한다. 한편 '청록색'의 경우 '청'은 이러한 한자어에 속하지 않으므로 '청록-색'으로 분석하며 두음 법칙이 적용되지 않는다. 두음 법칙에 관한 사항은 다음과 같이 요약된다.

	녀, 뇨, 뉴, 니	랴, 려, 례, 료, 류, 리	라, 래, 로, 뢰, 루, 르
어두/비어두	여자/남녀	양심/개량	낙원/극락
의존 명사	몇 년, 2020 년	몇 리, 그럴 리가	
합성어	신-여성, 남존-여비	역-이용, 해외-여행	중-노동, 사상-누각
고유 명사	한국여자대학	신흥이발관	서울나사*

- '나사(羅紗)'는 '모직물'을 뜻하는 말이지만 '서울나사'처럼 쓰일 때는 '서울양복점'을 의미한다.

① 합성어적인 구조에는 두음 법칙이 적용된다.

공중-누각空中樓閣, 결정-역학結晶力學, 불고-염치不顧廉恥,
겹-녹화-綠花

② '접두사처럼 쓰이는 한자어' 다음에는 두음 법칙이 적용
된다.

생-이탄生泥炭, 초-난류超亂流, 동-역학動力學, 물-역학-力
學, 중-역학重力學, 몰-염치沒廉恥[유사어: 파렴치破廉恥], 가-
늑골假肋骨

③ 의존 명사의 경우 두음 법칙이 적용되지 않는다. 따라서
명사의 경우에는 '연도'이지만 의존 명사일 때는 '년도'이
다.

연도별 생산 실적, 1950 년도

④ '신입/신립, 채윤/채륜, 최인/최린, 하윤/하륜, 김입/김립
(김삿갓)'은 두음 법칙이 적용된 형태와 그렇지 않은 형태
를 모두 인정한다. 그 외의 경우는 모두 두음 법칙이 적
용된 형태를 인정한다.

두음 법칙 좀 더 알아보기

고유어·외래어 다음에 두음 법칙을 적용하는 경우

① 난/란蘭: 한자어 다음에 '란', 고유어·외래어 다음에 '난'
   문주-란, 금자-란, 은-란 / 거미-난, 제비-난, 지네발-난

② 난/란欄: 한자어 다음에 '란', 고유어·외래어 다음에 '난'
   가정-란, 독자-란 / 어린이-난, 가십-난gossip欄

③ 양/량量: 한자어 다음에 '량', 고유어·외래어 다음에 '양'
   노동-량, 작업-량 / 구름-양, 알칼리-양alkali量

④ 예/례例: 한자어 다음에 '례', 고유어·외래어 다음에 '예'
   인용-례, 실례

⑤ 농/롱籠: 한자어 다음에 '롱', 고유어·외래어 다음에 '농'
   부담-롱負擔籠, 오동-롱梧桐籠, 장롱欌籠 / 옷-농, 옹-농, 자
   개-농, 대-농

⑥ 요/뇨尿: 한자어 다음에 '뇨', 고유어·외래어 다음에 '요'
   지방-뇨脂肪尿 / 알칼리-요alkali尿

⑦ 난/란卵: 한자어 다음에 '란', 고유어·외래어 다음에 '난'
   무정-란無精卵 / 모자이크-난mosaic卵

⑧ 난/란亂: 한자어 다음에 '란', 고유어·외래어 다음에 '난'
   동학-란東學亂, 의병-란義兵亂

한자어·외래어·고유어 다음에 두음 법칙을 적용하지 않는 경우

① 역/력曆: 한자어·외래어·고유어 다음에 모두 '력'

　　태양-력, 율리우스-력Julius曆

② 역/력力: 한자어·외래어·고유어 다음에 모두 '력'

　　마찰-력摩擦力, 디자인-력design力

③ 노/로爐: 한자어·외래어·고유어 다음에 모두 '로'

　　원자-로, 전기-로, 가스-로gas爐, 머플-로muffle爐

④ 요/료料: 한자어·외래어·고유어 다음에 모두 '료'

　　수업-료, 강의-료, 디자인-료design料, 모델-료model料

⑤ 논/론論: 한자어·외래어·고유어 다음에 모두 '론'

　　경험-론經驗論, 반뒤링-론反Duhring論, 반마키아벨리-론反

Machiavel論

⑥ 녹/록綠: 한자어·외래어·고유어 다음에 모두 '록'

　　메틸-록methyl綠, 브롬크레졸-록bromkresol綠

⑦ 유/류類: 한자어·외래어·고유어 다음에 모두 '류'

　　감귤-류柑橘類, 거미-류--類, 등딱지-류---類, 볼복스-

류volvox類

⑧ 누/루樓: 한자어·외래어·고유어 다음에 모두 '루'

　　경회-루慶會樓, 마천-루摩天樓, 웨양-루Yueyang樓, 황허-

루Huanghe樓

접두사처럼 쓰이는 한자어 다음의 두음 법칙 적용

'농-', '중-', '담-', '선-', '심-', '암-', '연-', '자-', '회-'

다음에는 두음 법칙이 적용되지만 '대록-색帶綠色'의 경우에는 두음 법칙을 적용하지 않는다.

농-녹색濃綠色, 담-녹색淡綠色, 선-녹색鮮綠色, 심-녹색深綠色

암-녹색暗綠色, 연-녹색軟綠色, 자-녹색紫綠色, 회-녹색灰綠色

두음 법칙에 대한 몇 가지 문제

두음 법칙의 역사

두음 법칙의 적용 여부는 남북의 대표적인 언어 차이라고 할 수 있다. '歷史'를 '역사'로 적느냐, '력사'로 적느냐 하는 문제로 요약할 수 있다. 두음 법칙이 규정된 것은 1933년의 '한글 맞춤법 통일안'부터이다. 남북 분단 이후 남한에서는 두음 법칙을 그대로 유지하고 있지만 북한에서는 1948년에 발표된 '조선어 신철자법'에 따라 두음 법칙을 적용하지 않고 한자어의 본음대로 표기하고 발음한다. 1966년『조선말 규범집』에서는 '나팔喇叭', '나사螺絲', '남색藍色', '노櫓', '유

리琉璃' 등의 예외 조항을 인정하였다. 고유어의 경우에는 남
과 북이 역사적으로 두음 법칙이 적용된 이후의 형태를 본
음으로 삼고 있어서 차이가 없다.

고유 명사와 두음 법칙

성씨 가운데에 초성의 'ㄹ' 음을 살려서 표기하려는 움직
임은 예전부터 있어 왔다. 대표적으로 '柳', '呂', '羅', '李' 등
을 들 수 있다. 2007년, 법원에서 이러한 권리를 인정함으로
써 성씨에 'ㄹ'을 표기할 수 있게 되었다.

예전부터 연예인의 이름에는 두음 법칙을 적용하지 않는
일이 있었으며 외래어의 경우에는 특히 원어 의식을 가지고
있어서 두음 법칙을 적용하지 않는 일이 많다. 이러한 점을
감안하면 두음 법칙이 절대적인 것이라고 하기는 어렵다.

그렇다면 두음 법칙은 폐지되어야 하는 것일까? 그렇다
고 할 수는 없다. 두음 법칙을 폐지하느니, 존속시키느니 하
는 논의 자체가 성립하지 않는다. 두음 법칙은 국어의 음운
현상으로 존재하는 것이므로 언어 공동체 전체가 결정해야
하는 일이다. 다만 그것이 이름의 표기를 스스로 결정하고자
하는 개인의 권리와 충돌한다면 개인의 권리를 인정해 주면
된다. 국어의 음운 현상으로 존재하지만 개인의 권리를 보장

하는 것이다. 고유 명사의 경우 표기하는 방법을 아예 제한하지 않는 것도 고려해 봄 직하다.

　개인의 권리를 침해한다고 두음 법칙을 부정하거나 두음 법칙으로 개인의 권리를 제한하는 것 모두 동의하기 어렵다. 국어 음운 현상과 개인의 권리를 지키는 일은 서로 모순되는 일이 아니다.

된소리 제대로 적기

'한글 맞춤법'에서는 표준어를 소리대로 적는 것이 원칙이다. 즉, 특별한 경우가 아니면 소리 나는 대로 적는다. 된소리의 경우도 마찬가지다.

소쩍새, 오빠, 아끼다, 어찌

위의 예들은 '솟-적', '옵-바', '앗-기다', '엇-지'와 같이 형태를 밝혀 적을 이유가 없는 것들이다. 따라서 소리 나는 대로 적는다. 하지만 아래의 예들처럼 'ㄱ', 'ㅂ' 받침 뒤에 다음 소리가 된소리가 되는 것은 규칙적인 환경이므로 된소리를 밝혀 적지 않는다.

국수[국쑤], 딱지[딱찌], 늦대[늗때], 법석[법썩], 갑자기[갑짜기], 몹시[몹씨]

그렇지만 이처럼 된소리를 밝혀 적지 않는 환경이라 하더라도 '똑똑하다', '쌉쌀하다'처럼 같은 음절이나 비슷한 음절이 겹쳐 날 때는 된소리를 밝혀 적는다. 같은 음절이나 비슷한 음절은 동일한 형태로 적는 원칙이 먼저 적용되는 셈이다.

딱딱, 똑똑하다, 똑딱똑딱, 쌉쌀하다, 씁쓸하다

위에서 제시한 예들은 단일어이므로 형태를 밝힐 필요가 없는 경우에 해당한다. 그렇지만 다음과 같이 합성어에서 원래의 형태소가 자립적으로 쓰이는 경우, 된소리가 나더라도 형태를 밝혀 적는 것이 가독성을 높이는 장점이 있다.

눈곱[눈꼽], 눈살[눈쌀], 옷장[옫짱]*

사이시옷은
말과 말 사이에 적는 'ㅅ'이다

사이시옷 규정 또한 소리와 관계가 있다. 사이시옷은 발음에 따라 적도록 되어 있는데 실제로는 올바른 발음을 잘 몰라서 적용하기 어려워하는 일이 많다. 사이시옷이 쓰이기 위해서는 다음과 같은 조건이 충족되어야 한다.

① 뒷말의 첫소리가 된소리로 나거나 뒷말의 첫소리 'ㄴ', 'ㅁ'이나 모음 앞에 'ㄴ' 소리가 덧나는 합성어이어야 한다.

② 첫 번째 조건을 충족하는 합성어 중에서 '한자어＋한자어'나 '외래어＋고유어'가 아니어야 한다.

③ '한자어＋한자어' 구성이더라도 '곳간庫間', '셋방貰房', '숫자數字', '찻간車間', '툇간退間', '횟수回數'는 예외적으로 '사이

시옷'을 적는다.

④ 최근에 제정한 '○○길'과 같은 길 이름에는 사이시옷을
넣지 않는다.

시냇가, 바닷바람, 나뭇잎, 툇마루

기댓값, 대푯값, 만둣국, 등굣길, 성묫길, 장밋빛, 맥줏집, 절댓값

곳간庫間, 셋방貰房, 숫자數字, 찻간車間, 툇간退間, 횟수回數

내과, 화병

핑크빛, 피자집

하루 만에, 하루 동안

'시냇가[-까]', '바닷바람[-빠람]', '나뭇잎[-문닙]', '툇마루[퇸마
루]' 등은 '고유어＋고유어'로서 위의 조건을 충족하므로 사이시
옷을 적는다. 그렇지만 '내과內科', '화병火病' 등은 첫 번째 조건은
충족하지만 두 번째 조건을 충족하지 못하므로 사이시옷을 적지
않는다. '핑크빛', '피자집'은 '핑크', '피자'가 외래어이므로 조건
을 충족하지 못한다. '기댓값', '만둣국', '장밋빛', '절댓값' 등은
'한자어＋고유어'로서 위의 조건을 충족하므로 사이시옷이 들어
간다. 하지만 '하루 만에', '하루 동안'의 경우는 합성어라는 조건
에 위배되므로 '하룻만에', '하룻동안'으로 적지 않는다.

'초점焦點', '개수個數', '기차간汽車間', '전세방傳貰房'은 한자어이

고 세 번째 조건에 해당하지 않으므로 사이시옷이 들어가지 않는다. 한자어 사이에 사이시옷을 넣지 않는 것은 한자어는 하나하나가 의미를 지니고 있어서 사이시옷을 넣으면 다른 말처럼 느껴지기 때문이다.

외과(윗과(×)), 이비인후과(이비인훗과(×))

초점焦點, 개수個數, 기차간汽車間, 전세방傳貰房

'머릿말'이 아니라 '머리말'인 것은 소리가 [머리말]로 나기 때문이다. '인사말'도 [인사말]로 소리가 나므로° 첫 번째 조건에 해당하지 않는다.

머리말(머릿말(×)), 인사말(인삿말(×))

새로운 주소 체계에 해당하는 도로명에는 사이시옷을 넣지 않는다. 예를 들어 '개나리길[개나리낄]'은 사이시옷을 넣을 환경이다. 하지만 '은행나무길', '은행나무1길', '은행나무2길'······처럼 확장될 수 있고 '배호길'처럼°° 인명을 쓰는 경우가 있으므로

• 그렇지만 '혼잣말[혼잔말]'은 사이시옷에 넣는다. 현실적으로 자신의 발음을 기준으로 사이시옷의 개재 여부를 결정하기가 쉽지 않다.
•• 서울 용산구 삼각지에 있는 길 이름. 가수 '배호'를 기리는 뜻이 담겨 있다고 한다.

사이시옷을 넣지 않기로 결정한 것이다. 주소 체계와 관계가 없는 '고갯길, 기찻길, 귀갓길'에는 사이시옷이 들어 간다.

개나리길, 천사길, 은행나무3길, 배호길
고갯길, 기찻길, 귀갓길

'등교길'과 '등굣길'

'기댓값', '대푯값', '만둣국', '등굣길', '성묫길', '장밋빛', '맥줏집', '절댓값'은 현재의 규정대로라면 사이시옷을 써야 한다. 그런데 이러한 표기를 낯설어하는 일이 많다. 수학 용어인 '절댓값', '꼭짓점' 같은 용어가 자리잡은 것도 최근이다. 사이시옷이 들어간 표기를 선호하지 않는 것은 원래의 말과 달라지기 때문이다.

이러한 점 때문에 1988년의 '한글 맞춤법'에 한자어 사이에는 사이시옷을 넣지 않는다는 규정을 넣어 '냇과', '이비인홋과' 등을 '내과', '이비인후과'로 적게 했다. 따라서 언어 현실을 고려한다면 현재의 사이시옷 규정은 보완할 필요가 있어 보인다. 남과 북의 사이시옷 사용은 많은 차이가 있다. 북한에서는 '샛별/새 별(새로운 별)', '빗바람(비가 오면서 부는 바람)/비바람(비와 바람)'처럼 서로 혼동될 우려가 있는 경우를 제외하고는 사이시옷을 적지 않는다.

따라서 남북의 언어 통일을 고려하여 사이시옷을 수정한 다면 서로 사이시옷 표기를 조금 줄이고 늘리는 정책이 필요하다. 언어 직관을 고려하여 남에서 한자어가 들어간 '등굣길, 절댓값, 장밋빛, 만둣국' 등의 사이시옷 표기를 줄이고 북에서 '시냇물, 바닷가'와 같은 고유어에 들어가는 사이시옷 표기를 늘리는 것이 방안이다.

시냇물, 바닷가, 나룻배, 쇳조각, 잿더미 (고유어+고유어)
성묫길, 최댓값, 우윳빛, 맥줏집, 존댓말 (한자어+고유어)

이러한 방안은 한국어 화자의 언어 직관과 거리가 있는 '시내물, 바다가'와 '성묫길, 최댓값'과 같은 표기를 줄이는 효과가 있다고 생각된다.

'햇님'과 '해님'

'햇님'과 '해님'에 대해서는 '햇님'에 비해 '해님'은 낯설다는 의견이 적지 않다. 그렇지만 현재 국어사전에서는 '해님'을 표준어로 제시하고 '햇님'은 비표준어로 처리하고 있다. 이러한 근거로 '님'이 접미사이므로 합성어를 형성할 수 없어서 사이시옷이 들어갈 환경이 아니라는 점을 들기도 한다. 하지만 이러한 논거는 어문 규범 차원에서 적절한 것이라고 하기 어렵다. [해님]과 [핸님] 가운데 표준어가 무엇인지에 따라 표기가 결정되는 것이지 '-님'이 접미사라서 '해님'으로 표기가 결정되는 것은 아니기 때문이다. 더욱이 최근에 국어사전에 '님'이 명사로 등재된 것을 보면 '님'이 접미사이므로 '해님'을 선택한다는 논리가 적절하지 않음을 알 수 있다. 현재로서는 문법적인 관점에서도 '햇님'의 근거가 없다고 하기 어렵다.

'찻잔'과 '차잔'

'찻잔'에 사이시옷이 들어가는 것은 '차'와 '잔' 중에 하나는 한자어가 아니라는 뜻이다. 그런데 이러한 점이 분명하지 않다. '한글 맞춤법' 해설에는 '茶(차 다)'의 새김과 '天(하늘 천)'의 새김을 비교해 볼 때 고유어에 해당하는 앞쪽에 '차'

가 위치하므로 고유어일 가능성이 있다고 설명하고 있다. 하지만 이 설명은 '茶(차 차)'도 가능하다는 점에서 설득력이 없다. 이 문제는 규범적으로 접근해서 '차'와 관련된 말을 한자어로 인정하고 기존 6개의 예외에 '찻방茶房', '찻상茶床', '찻잔茶盞', '찻장茶欌', '찻종茶鐘', '찻주전자茶酒煎子'를 추가하거나 '차'를 고유어로 처리하는 방안을 생각해 볼 수 있다. 최근에 국어사전에서는 '차'에 한자 원어를 제시하지 않고 고유어로 처리하는 쪽을 선택한 바 있는데 이에 따라 원어가 '찻방-房', '찻상-床', '찻잔-盞', '찻장-欌', '찻종-鐘', '찻주전자-酒煎子'과 같이 '차'를 제외한 나머지 한자만 제시되어 있다.

역사적인 근거에 따라
표기를 결정하는 경우가 있다

1933년의 '한글 맞춤법 통일안'에서는 현실 발음과 다른 역사적인 표기를 현실 발음에 따라 표기하도록 규정하고 있다.

> 엇개 → 어깨
>
> 톳기 → 토끼
>
> 긔챠汽車 → 기차
>
> 텬디天地 → 천지

　이러한 역사적 표기는 현재의 한글 맞춤법에도 남아 있다. 예를 들어 '무릇, 얼핏, 첫, 자칫' 등은 모두 [무른], [얼핀], [천], [자친]으로 소리가 난다. 따라서 소리 나는 대로 적으면 '무른, 얼핀,

천, 자친'처럼 'ㄷ' 받침으로 적어야겠지만 그동안의 관습에 따라 'ㅅ' 받침으로 적는다. 이처럼 관습적이고 전통적인 표기를 역사적인 표기라고 한다. 이러한 예로는 '걸핏하면, 그까짓, 놋그릇, 빗장, 사뭇, 삿대, 풋고추' 등을 들 수 있다.

> 닐리리, 하늬바람, 보늬, 오늬, 늦큼
>
> 짓고, 지으며, 지어, 지으니 …

'닐리리'는 [닐리리]로 소리 나고, '하늬바람[하니--]', '보늬 [보니]', '오늬[오니], 늦큼[늦큼]'에서도 '늬'가 [니]로 발음되지는 않는다. 그런데도 '늬'를 살려서 적는 것은 역사적 표기라고 할 수 있다.

한편, '집을 짓다'의 '짓-'은 '짓고[진꼬], 지어[지어], 지으니 [지으니], 짓는[진는]'처럼 활용하므로 기본형 '짓'이 확정되지 않는다. 그렇지만 역사적인 변화 과정에서 '짓'으로 표기되었던 근거가 나타나므로 '짓'으로 적는다.*

● 역사적으로 자음 어미 앞에서 '짓-', 모음 어미, 매개 모음 어미 앞에서 '짓-'의 표기를 확인할 수 있다.

현실 발음으로
결정하기 힘든 경우가 있다

'생각하건대'의 준말이 '생각건대'인지 '생각컨대'인지 현실 발음을 기준으로는 결정하기가 쉽지 않다. 둘을 구분하는 기준은 '하다'가 결합하는 앞 말의 받침소리가 [ㄱ], [ㄷ], [ㅂ]이면 '하'가 통째로 줄고 그 외의 것이면 'ㅏ'만 줄고 'ㅎ'이 남아 뒷말이 거센소리가 되는 것이다.

익숙하지 → 익숙지, 넉넉하지 → 넉넉지, 깨끗하지 → 깨끗지, 섭섭하지 → 섭섭지

'익숙하다'는 '하다' 앞의 말인 '익숙'의 받침소리가 [ㄱ]이므로 '하다'가 통째로 줄어들어 '익숙하지 → 익숙지'가 된다. '깨끗

하지'는 받침소리가 [ㄷ]이므로 '하'가 통째로 줄어들어 '깨끗지'가 된다.

이와는 달리 '청하다'는 '청'의 받침소리가 '하다'가 통째로 줄어드는 조건에 해당하지 않으므로 '청하건대 → 청컨대'가 된다.

청하건대 → 청컨대, 무심하지 → 무심치, 연구하도록 → 연구토록, 간편하게 → 간편케

'-이'와 '-히'로 끝나는 부사의 구분도 현실 발음을 기준으로는 결정하기가 어렵다. [이]로만 소리가 나면 '-이'로 적고 [히]로도 소리가 나면 '-히'로 적는다고 되어 있지만 실제로는 발음을 잘 모르는 경우가 많기 때문에 발음을 기준으로는 구분하기가 어렵다. 아래는 '-이'와 '-히' 부사를 구분하는 기준인데 완벽한 것은 아니므로 국어사전에서 반드시 확인해야 한다.•

'-이'로 써야 하는 경우는 다음과 같다. 대개는 '-하다'가 붙을 수 없는 것들이지만 '깊숙이', '고즈넉이'처럼 뒤에 '하다'가 붙을

• 한글 맞춤법 51항에서는 부사의 끝음절이 '이'나 '히'로 소리 나는 경우 소리 나는 대로 '이', '히'로 적지만 '이, 히로 나는 경우 '히'로 적는다고 규정하고 그러한 예로 '솔직히, 가만히' 등을 들고 있다. 그런데 '솔직히, 가만히'로 적으면서 [솔직키], [가만히] 외에 [솔직기], [가마니]가 표준 발음이 될 가능성은 없다. '히'가 [히/이]로 발음된다는 것은 한글 맞춤법의 대원칙인 제1항에 어긋난다. 그러므로 '이, 히'로 소리 난다고 한 규정은 현실의 발음을 언급한 것으로 해석하는 것이 합리적이다.

수 있는 것들도 있다. 이들은 대개 'ㄱ' 받침을 가진 말들이다.

깍듯이, 깨끗이, 느긋이, 따뜻이, 반듯이, 버젓이('ㅅ'받침 뒤)

가까이, 가벼이, 괴로이, 쉬이, 날카로이('ㅂ'불규칙)

같이, 굳이, 깊이, 많이('하다'가 붙지 않는 어간 뒤)

곰곰이, 더욱이, 오뚝이, 일찍이(부사)

간간이, 겹겹이, 번번이, 일일이, 집집이(첩어)

깊숙이, 고즈넉이, 끔찍이, 가뜩이, 멀찍이, 느직이('ㄱ'받침)

다음은 '-히'로 써야 하는 경우이다. 대부분 '하다'가 붙을 수
있는 말들이다.

극히, 급히, 딱히, 속히, 익히, 작히, 족히, 특히, 엄격히, 간곡히,
솔직히, 가만히, 간편히, 나른히, 무단히, 각별히, 소홀히, 쓸쓸히

원래 의미가 있으면 본 모양을 밝히고, 변했으면 밝히지 않는다

원래의 의미를 그대로 유지하고 있으면 본 모양을 밝히지만 본 뜻에서 멀어졌으면 밝혀 적지 않는 것이 한글 맞춤법의 원칙이다. 예를 들어 '늘어지다'는 '늘다'의 뜻이 유지되고 있으므로 '늘-'을 밝혀 적지만 '쓰러지다'는 '쓸-'의 뜻이 유지된다고 할 수 없으므로 '쓰러지다'로 적는다.

늘어지다: ←늘[增]-+-어지다

쓰러지다: ←쓸-+-어지다(×)

'빌어먹다'와 '배라먹다'는 이러한 차이를 분명하게 보여 준다. '빌어먹다'는 큰말, '배라먹다'는 작은말인데 '빌어먹다'는 '빌다'가 단독으로 존재하므로 '빌'을 밝혀서 '빌어먹다'로 적지만 '배라먹다'는 '밸다'가 존재하지 않으므로 '배라먹다'로 적는다.

빌어먹다: ←빌-＋-어 먹다
배라먹다: ←밸-＋아 먹다(×)

'넓다'는 역사적으로 '넙다'와 '너르다'가 합쳐진 말이다. 현재의 관점에서는 '넓-'의 의미를 유지하고 있느냐를 기준으로 유지하고 있으면 '넓-'으로 적지만 그렇지 않을 경우 '넙-'으로 적는다. 아래의 '넓적하게, 넓적다리'는 '넓-'의 의미를 유지하고 있으므로 '넓-'으로 적는다.

무를 넓적하게 썰어 깍두기를 담갔다.
닭고기는 넓적다리 부위가 맛있어.

하지만 아래의 '넙죽'은 '넓-'과 의미적으로 관련성이 멀어졌으므로 '넓'으로 적지 않고 '넙'으로 적는다.

강아지가 고기를 넙죽 받아 먹는다.
손자가 할아버지께 넙죽 절을 한다.

'널따랗다'와 '얄따랗다'는 각각 '넓-', '얇-'과 의미상 관련이 있지만 '넓다랗다', '얇다랗다'로 적지 않는다. '넙치' 또한 '넓-'과 관련이 있어 보이지만 '넙치'로 적는다.

널따랗다, 얄따랗다, 넙치[廣魚]•

• '넙치'의 경우 '넙다'에서 파생된 말이 '넙다＞넓다'의 변화 이후에도 형태를 유지하고 있다고 생각할 수 있다.

'넓적하다'와 '널따랗다'

'넓다'는 [널따]로 읽지만 '넓적하다[넙쩌카다]', '넓죽하다[넙쭈카다]', '넓둥글다[넙뚱글다]'는 [넙]으로 소리가 난다. '넓'이 [널]로 소리가 나는 것은 아예 '널따랗다', '널찍하다', '짤따랗다', '짤막하다', '얄따랗다', '얄찍하다', '얄팍하다'로 표기한다.

'넓다[널따], 넓디넓다[널띠널따]'를 제외하면 '넓'으로 적으면서 [넙] 소리가 나는 경우는 찾기 어렵다. 국어사전에서 '넓다랗다 → 널따랗다, 넓직하다 → 널찍하다'와 같은 정보를 올린 것도 두 가지 표기가 현실에서 쓰이고 있음을 의미

한다. 논리적으로는 '넓다'에 자음으로 시작하는 어미가 연결될 때 [널따]로 소리 나므로 '넓-다랗다, 넓-직하다' 또한 [널따라타], [널찌카다]로 발음될 가능성이 있다. 물론 '넓다 랗다'의 '-다랗-'이 접미사이므로 어미와는 차이가 있지만 후행 요소가 접미사인지, 어미인지에 따라 발음이 달라진다 고 할 근거는 찾기 어려우므로 자음으로 시작하는 요소인지 여부가 기준이 될 가능성이 높아 보인다. 그럴 경우 좀 더 일 관된 표기가 가능해진다는 장점이 있다.

> 널따랗다 → 넓다랗다, 널찍하다 → 넓직하다
> 짤따랗다 → 짧다랗다, 짤막하다 → 짧막하다
> 알따랗다 → 얇다랗다, 얄찍하다 → 얇직하다
> 얄팍하다 → 얇팍하다

이럴 경우 [널찌카다]는 '널찍하다'에서 '넓직하다'로 표기가 바뀌고 [넙쭈카다]는 '넓죽하다'에서 '넙죽하다'로 표기가 바뀌게 된다.

'붙이다'와 '부치다'도 '붙-'의 의미가 살아 있으면 '붙이다'로 적고 그렇지 않을 경우에는 '부치다'로 적어서 구분한다. '주석을 붙이다, 조건을 붙이다'와 '비밀에 부치다, 한글날에 부치다'는 혼동하기 쉽다. 또한 '올려붙이다', '걷어붙이다', '밀어붙이다'는 '붙-'의 의미가 선명하지 않지만 '붙이다'로 표기한다는 것을 기억해 두어야 한다.

> 반창고를 붙이다, 주석을 붙이다, 조건을 붙이다
> 따귀를 올려붙이다, 소매를 걷어붙이다, 계획대로 밀어붙이다

'숙식을 부치다' 또한 눈여겨볼 필요가 있다.

> 편지를 부치다, 극비에 부치다, 한글날에 부치다
> 삼촌 집에 숙식을 부치다, 논밭을 부치다

'오이소박이'는 '오이에 소를* 박은 음식'이다. 따라서 '박다'의 의미가 살아 있다. 그렇기 때문에 '오이소박이'로 적고 '오이소백이'라고 적지 않는다. '박다'의 의미가 남아 있지 않은 경우에는 '배기'가 된다. '붙박이', '덧니박이', '점박이', '판박이'는 모두 '박다'의 뜻과 관련이 있다. '차돌박이'는 '흰 차돌이 박혀 있는 듯한

---

* '소'는 '송편, 만두, 김치 등의 속에 넣는 여러 가지 재료'를 의미하는 말이다. 흔히 '속'으로 잘못 쓰는 일이 많다.

고기의 부위'를 말한다. 따라서 '차돌배기'라고 하지 않는다.

오이소박이(오이소백이(×)), 차돌박이(차돌백이(×), 차돌배기(×))

붙박이, 덧니박이, 점박이, 판박이

하지만 '한 살배기'는 '박다'와 의미적으로 관련이 없으므로 '한 살박이'라고 하지 않는다. '-배기'가 쓰이는 말들은 '박다'와 는 의미적으로 관련이 없는 말들이다.

한 살배기(한 살박이(×)), 알배기, 공짜배기, 진짜배기 발음이 유사해서 혼동을 일으키는 경우로 '떼다'와 '따다', '띄다'를 들 수 있다. 이들은 의미와 쓰임이 다른 말로 아래처럼 구분해서 써야 한다.

> 벽보를 떼다, 한글을 떼다, 젖을 떼다, 월급에서 세금을 떼다
> 미소를 띠다, 사명을 띠다, 색깔을 띠다

흔히 '미소를 띠다'를 '미소를 띄다'로 잘못 쓰는 일이 많다. 하지만 '띄다'는 '뜨이다'에서 줄어든 말이다.

> 빨간 모자가 멀리서도 눈에 잘 띈다(←뜨인다).

한편 '띄우다'가 줄어든 '띄다'는 아래와 같이 쓰인다.

둘 사이를 적당히 띄어서(띄워서) 줄을 맞춰라.

한편 '띄어 쓰다'와 '띄어쓰기하다'는 거의 비슷하게 쓰인다. 다만 한글 맞춤법의 '띄어쓰기'가 하나의 개념을 나타내듯이 '띄어쓰기하다'가 공식적으로 쓰이는 말이다.

'하늘이 맑다'처럼 조사는 앞말과 띄어 쓰지 않는다.
'하늘이 맑다'처럼 조사는 앞말과 띄어쓰기하지 않는다.

'-든'은 선택을, '-던'은 자신의 경험과 관계가 있는 과거를 나타낸다. '내가 무엇을 하든(지) 상관하지 마', '먹든(지) 말든(지) 마음대로 하렴', '있든가 가든가 뜻대로 해'는 선택의 상황이다.

사과든(지) 배든(지) 마음대로 먹어라.
사과든가 배든가 마음대로 먹어라.
사과던 배던 마음대로 먹어라.(×)

그렇지만 '어릴 적 살던 곳', '집이 크던지 작던지 생각이 나지 않아', '누가 뭐라던?', '동생이 집에 있던가 (어디) 가던가'는 과거의 상황이다. '던'이 들어 있는 '-던', '-던가', '-던걸', '-던고', '-던데', '-던들' 등도 모두 과거를 나타낸다.

> 어릴 때 살던 곳
> 어릴 때 살든 곳(×)
> 나의 살던(살든(×)) 고향

아래의 '할는지'도 '할른지', '할런지'로 혼동하는 일이 많으므로 주의해야 한다.

> 직장을 그만두고 어떻게 할는지(할런지(×)) 모르겠어.

이들을 혼동하지 않고 구별하는 방법은 언제나 '-는지'가 들어간다고 기억하는 것이다.

> 어떻게 할는지(하-+-ㄹ는지) 모르겠어.
> 어떻게 하겠는지(하-+-겠-+-는지) 모르겠어.
> 어떻게 하였는지(하-+-었-+-는지) 모르겠어.

형태, 의미적인 근거에 따라
일관성 있게 적는다

'무늬, 희망希望, 씌어'는 모두 [무니], [히망], [씨어]로 소리 나지만 'ㅢ'로 적는 경우이다. 그런데 'ㅢ'로 적는 근거에는 차이가 있다.

[무니] → 무늬, 希望 → 희망, 쓰이어 → 씌어

'무늬'는 관습적이고 전통적인 '역사적 표기'에 해당한다. 현재로서는 '무늬'로 표기할 다른근거가 없지만 관습에 따라 'ㅢ'로 표기하는 것이다. '희망'은 한자어 '希'가 '희'로 소리 나는 것을 반영한 표기이다. 한자어의 음에 따라 적는다. '씌어'는 '쓰이어'에서 줄어든 표기라는 형태적인 근거에서 '씌어'로 적는다.

문법적인 근거에 따라
적는 경우도 있다

한글 맞춤법에서는 문법적인 근거로 표기를 결정하는 일이 적지 않다. 흔히 두 문장을 연결할 때 쓰는 '그리고 나서'를 생각해 보자.

먼저 '그리고 나서'는 아래의 예를 볼 때 '그리-+-고 나서'로 분석할 수 있다.

먹고 나서, 쉬고 나서, 자고 나서, 잡고 나서, 때리고 나서, 뛰고 나서

그런데 '먹고 나서', '쉬고 나서', '일하고 나서'에서 알 수 있듯이 '-고 나서' 앞에는 동사가 나타난다.

비가 내리고 나서('동사 어간'+'-고 나서') 해가 비추기 시작했다.

따라서 '그리고 나서'에서 '그리-'는 동사일 것으로 기대할 수 있다. 국어사전에 올라 있는 동사 '그리-'는 다음과 같다.

떠나온 고향을 그리다가 잠이 들었다.
미술 시간에 정물화를 그렸다.

그런데 이들은 모두 '그리고 나서'가 쓰이는 문맥에 맞지 않는다. 따라서 '그리고 나서'에서 동사 '그리-'를 분석하는 것은 불가능하다. 또한 '그리고 나서'에서는 짝을 이뤄 쓰이는 '이', '그', '저'의 관계가 성립하지 않는다. 예를 들어 '이런', '그런', '저런'과 같은 관계가 이 경우에는 불가능하다.

이런, 그런, 저런
이리고 나서(×), 그리고 나서(×), 저리고 나서(×)

'그리고 나서'에서 불가능한 이러한 조건을 충족하는 말은 '그러고 나서'이다. '그러고 나서'는 '이러고 나서', '저러고 나서'와 같이 계열 관계를 이루므로 '이', '그', '저'의 관계를 만족시킨다.

이러고 나서, 그러고 나서, 저러고 나서

그리고 '그러고 나서'의 '그러-'는 동사이므로 '-고 나서'와 결합할 수 있으며 문맥에도 일치한다.

혼자 마음대로 하다니 그러는 법이 어디 있어?

한편 '그리고는' 또한 '먹고는', '말하고는', '쉬고는' 등에서 알수 있듯이 '-고는' 앞에 동사가 와야 한다는 점에서 '그러고는'이 조건에 맞는 말이다.

밥을 먹었다. 그러고는(그리고는(×)) 물을 마셨다.

'그러나', '그런데', '그러므로'와 같은 접속 부사 뒤에는 '는'이 결합하지 않는 것도 이러한 사실을 보여 준다.

그러나는(×), 그런데는(×), 그러므로는(×)……

'그러다'와 '그리다'

현재의 규범에서 '그리고 나서'는 '그리고 나서'로 바꾸어 써야 하지만 동사 '그리다'는 최근까지도 '그러다'와 함께 쓰이는 말이었다.

- 누가 그리더냐 억쇠는 김생원집 하인이라 〈김교제, 치악산〉
- 그러면 그 말을 봉자에게 드럿구나 언제 그리더냐 〈최찬식, 안의 성〉
- 경애 씨 말이 좀 놀러 와 주섯스면 감사하겟다구 그리더군요 〈김말봉, 찔레꽃〉

'큰사전(1957)'에서도 '그리다'를 '그러다'의 변한말로 뜻풀이하고 있어서 두 말이 함께 쓰였음을 알 수 있다. 무엇보다도 지금의 '그리고요', '그리고 나서', '그리고는'은 '그리다'가 아직까지 쓰이고 있음을 보여 준다.

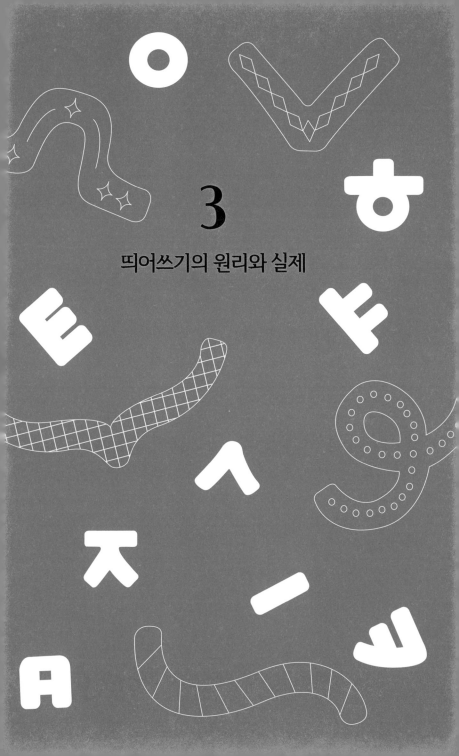

3

띄어쓰기의 원리와 실제

자립적인 말과 의존적인 말의
띄어쓰기가 다르다

띄어쓰기 원리는 '한글 맞춤법'에 명시되어 있다. '문장의 각 단어는 띄어 씀을 원칙으로 한다.'가 그것이다. 이 원칙은 대단히 명료해서 띄어쓰기 문제를 모두 해결할 수 있을 것처럼 보인다. 그러나 실제로는 그렇지 않다. 기준으로 제시한 단어가 무엇인지 잘 모르기 때문이다.*

흔히 조사는 단어로 다루어진다. 그렇지만 조사를 띄어 쓰는 일은 없다. '한글 맞춤법' 제41 항에서 '조사는 앞말에 붙여 쓴다.'는 별도의 조항을 마련한 것도 이 때문이다. 조사가 단어인데도 붙여 쓰는 것을 보면 단어의 개념이 무척 다양하다는 것을 짐

---

* '단어'는 전문적인 용어라기보다는 일상적인 용어에 가깝다.

작할 수 있다. 그런 까닭에 '단어'를 기준으로 설명하는 것은 이해하기에 좋은 방법이라고 하기 어렵다. 따라서 '단어'가 아닌 '자립성'에 따라 띄어쓰기를 설명하기로 한다.

아래의 말들을 두 개의 동아리로 나누어 보자. 어떻게 나눌 수 있을까?

하늘, 자동차, 를, -는구나, 바다, 구름, -겠-, -습니다

아마 많은 사람들은 '하늘, 자동차, 바다, 구름'과 '를, -는구나, -겠-, -습니다'로 나누는 데 동의할 것이다.

하늘, 자동차, 바다, 구름
를, -는구나, -겠-, -습니다

그렇다면 이 두 동아리의 차이는 무엇일까? 앞의 것은 명사이고 뒤의 것은 명사가 아니라고 대답하는 사람들도 있고 뜻이 있는 말과 없는 말의 차이가 아니냐고 대답하는 사람들도 있다.

'하늘'과 '를'의 근본적인 차이는 단독으로 소리를 내서 쓸 수 있는지의 여부이다.

무얼 보니? 하늘

어딜 가니? 바다

위에서처럼 '하늘, 바다' 등은 단독으로 소리를 내서 쓸 수 있다. 그렇지만 '를, -는구나, -겠-' 등은 단독으로 소리를 내서 쓰는 일이 없다. [를], [는구나]라고 일부러 읽지 않는 한 이들을 단독으로 소리 내서 쓰는 경우는 생각하기 어렵다.

단독으로 소리를 내서 쓰는 말들을 '자립적'이라고 하고 그렇지 못한 말들은 '의존적(비자립적)'이라고 한다. 의존적인 말들은 단독으로는 쓰이지 못하고 언제나 앞이나 뒤에 나타나는 다른 요소에 의존한다는 특징이 있다.

학교를
먹-습니다
가-겠-다

앞의 '학교를'에서 '를'은 '학교'에 의존하고 있고 '-습니다'는 '먹-'에, '-겠-'은 '가-'와 '-다'에 각각 의존하고 있다. 이처럼 단독으로는 쓰일 수 없어서 다른 말에 의존하는 말들을 띄어 쓸 가능성은 거의 없다. 의존적인 요소가 둘 이상일 때도 마찬가지다.

고향에서까지도

좋-습니다그려

  '고향에서까지도'의 '에서', '까지', '도'와 '좋습니다그려'의 '-
습니다', '그려'는 모두 의존적인 요소이므로 언제나 붙여 쓴다.
그러므로 어떤 말이 자립적인지 의존적인지를 판정하는 일은 띄
어쓰기를 결정하는 중요한 근거라고 할 수 있다.
  그런데 의존적이지만 띄어 쓰는 예외적인 경우가 있다. 의존
명사가 바로 그것이다. 의존 명사는 이름에서 알 수 있듯이 앞 말
에 의존적이다. 그렇지만 아래에서 알 수 있듯이 명사와 의미와
기능이 거의 유사하다는 점에서 명사처럼 앞 말과 띄어 쓴다.

  먹을 것(밥)이 없다.

  국어에서 의존적인 요소로는 '어미', '조사', '접사' 등을 들 수
있다. 사전에는 의존 요소들을 분명하게 나타내고 있어서 띄어
쓰기를 쉽게 결정할 수 있게 해 준다.

  개- / -었- / -는구나

  위의 '개-'는 '개살구'와 같이 뒤에 오는 말에 의존한다는 뜻
이고 '-었-'은 '먹었다'와 같이, '-는구나'는 '먹는구나'와 같이 다

의존 명사 띄어쓰기 좀 더 알기

의존 명사는 남과 북의 띄어쓰기가 다르다. 남한은 의존적이지만 명사와 같은 동아리에 속한다는 점에서 띄어 쓰고 북쪽은 의존적인 특성에 따라 붙여 쓴다.

먹을˅것이 없다(남)

먹을것이 없다(북)

자주 쓰이는 의존 명사의 띄어쓰기를 보이면 다음과 같다.

참을˅수가 없다, 집 떠난˅지 3년, 두말할˅나위가 없는 일, 너˅따위가, 제˅딴에는 그래도, 어찌할˅바를 모를 정도로, 아는˅척, 그런 말을 했을˅리가 없다, 나˅대신 네가 가라, 그건 너˅때문이다.

른 말에 의존하고 있다는 뜻이므로 띄어쓰기를 쉽게 알 수 있다.

자립적인 요소는 단독으로 쓰이기도 하고 다른 말과 결합하여 새로운 말을 만들기도 한다.

어디선가 유리가 깨지는 큰˅소리가 들렸다.
할 생각도 없으면서 왜 자꾸 큰소리만 쳐?

그런데 띄어 쓰는 '큰˅소리'와 붙여 쓰는 '큰소리'는 의미가
다르다. '큰˅소리'는 소리가 큰 것이지만 '큰소리'는 단순히 소리
가 큰 것과는 다른 의미를 가지고 있다.˙

동생이 시험에 안˅됐어.
어쩐지 얼굴이 안돼 보이더라.

'안˅되다'는 '되지 않다'와 관련이 있다. 그렇지만 '안되다'는
'안쓰럽다'의 의미다. '안'과 '되다'의 의미를 고스란히 유지하고
있는 '안˅되다'는 띄어 쓰지만 새로운 의미가 생긴 '안되다'는 붙
여 쓴다. 새로운 단어가 되었다고 말하는 경우가 이런 경우다.
새로운 단어인지 아닌지를 판단하는 첫 번째 기준은 이처럼
새로운 의미가 생겼는지 따져 보는 것이다. 예를 들어 '노루의 신

• '큰소리'는 '목청을 돋워 가며 야단치는 소리', '남 앞에서 잘난 체하며 뱃심 좋게 장
  담하거나 사실 이상으로 과장하여 하는 말', '남한테 고분고분하지 않고 당당히 대
  하여 하는 말'을 의미한다.

체 기관'을 의미하는 '노루 귀'는 띄어 쓰지만 '미나리아재빗과의
풀'을 의미하는 '노루귀'는 붙여 쓴다. '노루귀'에는 '노루'나 '귀'
로는 예측할 수 없는 의미가 생겼다고 할 수 있다.

노루∨귀(노루의 귀) / 노루귀(미나리아재빗과의 풀)

두 번째 기준은 두 말 사이의 관계가 긴밀한가 그렇지 않은가
를 따져 보는 것이다. 예를 들어 한 단어인 '돌아가다'는 '돌아'와
'가다'의 관계가 긴밀하여 다른 요소가 중간에 끼어들 수 없지만
한 단어가 아닌 '받아 가다'는 다른 요소가 끼어들 수 있다.

그동안의 노력이 물거품으로 돌아갔다(돌아(서)갔다(×)).
모두 기념품을 받아 갔다(받아(서) 갔다).

이러한 사실은 '돌아가다'와 '받아 가다'의 띄어쓰기를 결정하
는 근거가 된다. 한편, '부장이 화가 나서 서류를 찢어 버렸어.'라
고 할 때 '찢어 버리다'의 띄어쓰기는 두 가지 가능성이 있다. 첫
째는 '찢어 버리다'가 보조 용언으로 쓰인 경우이다. '밥을 먹어
버렸다', '국물이 식어 버렸다'의 '버리다'와 같은 경우인데 이럴
때는 띄어 쓰는 것이 원칙이되 붙여 쓰는 것이 허용된다.

접두사, 선어말 어미, 어말 어미

접두사는 '개살구'의 '개-', '맨살'의 '맨-', '들볶다'의 '들-'
처럼 어떤 말의 앞에 붙어서 새로운 말을 형성하는 것을 말
한다. 이처럼 말을 만드는 것을 '파생'이라고 한다. 파생어는
접두사와 접미사가 결합하여 형성되는데 '소리꾼'의 '-꾼',
'지우개'의 '-개', '먹이다'의 '-이-' 등이 어근의 뒤에 붙는
접미사이다. 접두사와 접미사의 목록과 구체적인 의미는 국
어사전에서 확인할 수 있다.

선생님께서 댁에 가시었겠다.

'가시었겠다'는 어간 '가-'에 어미 '-시-, -었-, -겠-, -다'
가 결합한 말이다. 그런데 어미 가운데서 맨 마지막에 붙는
말을 '어말 어미'라고 한다. '-다'가 어말 어미다. 이 어말 어
미 앞에 붙는 말이 선어말 어미다. 선어말 어미는 여럿이 올
수 있다. '-시-', '-었-', '-겠-'이 모두 선어말 어미다. 선어말
어미는 기능에 따라 여러 가지가 존재한다. '-시-'는 존대의
뜻을 담고 있고 '-었-', '-겠-'은 시제나 화자의 태도 등을 담
고 있다. 각각의 선어말 어미의 기능과 의미 또한 국어사전

이나 문법 사전에서 확인할 수 있다. 한편 이처럼 어간에 어미가 붙는 일을 '활용'이라고 하는데 명사에 조사가 붙는 현상과 더불어 우리말의 특징으로 꼽힌다.*

* 동사 '먹-'은 '먹-보', '먹-이'와 같이 단어 형성 과정에 참여할 때는 '어근語根', '먹-다, 먹-고'와 같이 활용할 때는 '어간語幹'으로 구분한다. 이러한 구분은 단어 형성과 활용의 과정이 서로 다른 차원의 문제라는 것을 의미한다. 예를 들어, '먹다'의 사동사 '먹이다'는 '먹-+-이-'로 '먹이-'가 형성된 다음에 '먹이-다, 먹이-고'처럼 활용이 가능해진다.

편지를 찢어∨버렸다(찢어버렸다).

그런데 겉모습은 같지만 '버리다'가 보조 용언이 아니라 본용언인 경우도 있을 수 있다. 즉 '편지를 찢어 버렸다'를 아래와 같이 생각해 볼 수도 있다.

편지를 찢어(서) (휴지통에) 버렸다.

'버리다'가 본용언으로 쓰인 경우라면 '서류를 찢어∨버렸다'와 같이 띄어 쓰는 것만 가능하고 '서류를 찢어버렸다'와 같이 붙여 쓰는 것은 불가능하다.

보조 용언의 경우 띄어 쓰는 것을 원칙으로 삼고 붙이는 것을 허용한 것은 보조 용언 구성이 합성어와 구의 중간적인 특징을 가지고 있기 때문이다.

친구가 준 책을 다 읽어 간다.
친구가 준 책을 다 읽어서 간다.(×)

'읽어 간다'는 '읽다'에는 의미 변화가 없고 '간다'에만 의미의 변화가 있다. 이는 구성 요소만으로는 예측할 수 없는 새로운 의미가 생기는 합성어와는 다른 점이다. 그렇지만 중간에 '서'와 같은 다른 요소가 끼어들지 못하는 점은 합성어와 동일하다. 이처럼 합성어와 구의 특성을 모두 가지고 있다는 점에서 띄어 쓰는 것을 원칙으로 하되 붙여 쓰는 것도 허용한 것이다.

그런데 아래와 같이 '-어 지다'와 '-어 하다'가 붙는 경우는 이러한 원칙에서 예외이다. 둘 다 보조 용언으로 다루기는 하지만 '-어 지다'는 타동사를 자동사로 바꾸고 '-어 하다'는 형용사를 타동사로 바꾼다는 점에서 새로운 단어 형성이라고 할 수 있다.

꿈을 이룬다. → 꿈이 이루어진다.
꽃이 예쁘다. → 꽃을 예뻐한다.

따라서 '뜻이 이루어∨진다'나 '꽃을 예뻐∨한다'와 같이 띄어 쓰지 않고 '뜻이 이루어진다'와 '꽃을 예뻐한다'로 언제나 붙여 쓰는 것이 원칙이다.

보조 용언 띄어쓰기 좀 더 알기

보조 용언은 의존적이지만 자립적인 용언의 연결형과 형태가 유사하고 일정한 의미가 있다는 점에서 띄어 씀을 원칙으로 하되 붙이는 것도 허용한다. 다만, '지다'와 '하다'는 범주를 변화시키므로 붙여 쓴다. 보조 용언 구성은 본용언과 보조 용언 사이에 '-어, -고'와 같은 연결 어미가 나타나는데 '모르는 체하다, 올 듯하다'와 같은 보조 용언 구성에서는 관형사형 어미가 연결 어미의 자리에 나타난다.

- 남은 과자를 먹어 버렸다. (원칙) / 먹어버렸다. (허용)
- 꽃이 예쁘다. / 꽃을 예뻐한다.
- 꿈을 이룬다. / 꿈이 이루어진다.
- 잘못이 부끄럽다. / 잘못을 부끄러워한다.
- 모르는 체한다. / 모르는체한다.
- 올 듯싶다. / 올듯싶다(양하다, 체하다, 듯하다, 듯싶다, 뻔하

다, 법하다, 만하다).

보조 용언 구성에서 합성어가 되어 국어사전에 등재되는
단어들은 다음과 같은 것들이 있다.

- 대보다, 도와주다, 던져두다, 막돼먹다, 물어보다, 살펴보
  다, 잊어버리다, 잃어버리다, 찾아보다, 팔아먹다, 그럴듯
  하다, 될성부르다. (합성어)

띄어쓰기와 국어사전

띄어쓰기를 정확하게 하기 위해서는 국어사전을 찾아보
아야 한다. 띄어쓰기는 예측하기 어려운 경우가 많다. 예를
들어 '알아보다', '찾아보다', '살펴보다'는 한 단어로 붙여 쓰
지만 '생각해 보다', '믿어 보다', '써 보다' 등은 한 단어가 아
니라서 띄어 써야 한다. 또한 '앞사람', '뒷사람'은 한 단어이
고 '옆사람'은 한 단어가 아니다. 이러한 합성어에 대한 판단
은 일관된 원칙으로 설명하는 것이 불가능하다. 그러므로 사
전에 의지하는 수밖에 없다. 사전을 이용할 때도 방법을 알

아야 제대로 띄어쓰기를 할 수 있다. 예를 들어 다음의 색 표시된 부분의 띄어쓰기를 결정해야 한다고 생각해 보자.

노루귀가 저렇게 크니까 노루가 소리를 잘 듣지.

국이 다 식어가는데 다들 어디 간 거야?

인터넷 사이트를 '누리집', 운영자를 '누리지기'라고 부를까?

먼저 국어사전을 찾아보면 '노루귀'는 붙어 있고 '식물의 하나'로 나온다. 동물 '노루의 귀'라는 뜻으로는 사전에 올라 있지 않다. 이는 식물의 뜻이 아닌 다른 경우는 '노루∨귀'로 띄어 쓰라는 뜻이다. 그러므로 위와 같은 경우에는 '노루∨귀'로 띄어 쓴다.

'식어가다'는 국어사전에 나오지 않는다. 보조 용언 구성은 전체가 올라가는 것이 아니라 보조 용언만 올라간다. 따라서 '가다'를 찾아야 한다. '가다'에서도 보조 용언 부분을 찾아보면 띄어쓰기를 결정할 수 있다. '식어∨가다'가 원칙이다.

'누리지기'는 새로운 말이므로 사전에 나오지 않는다. 이때는 '-지기'를 찾아보면 된다. '-지기'는 접미사로 언제나 앞의 말에 붙여 쓴다. '문지기', '산지기' 등이 예로 제시되어 있다. 따라서 새롭게 생긴 말도 역시 '누리지기'로 붙여 쓰는 것이 옳다.

때로는 국어사전에서도 띄어쓰기를 명확하게 결정하기
어려운 경우도 있다. 이는 띄어쓰기를 결정하는 의미와 문법
의 기준이 언제나 분명하게 나뉘는 것이 아니기 때문이다.
이러한 예로 '한번/한ˇ번'을 들 수 있는데 국어사전에서는
'시도', '차례'를 나타내는 경우 한 단어로 되어 있지만 실제
로는 구분하기가 쉽지 않다.

- 한번 해 보다 / 한번 먹어 보다 / 제가 일단 한번 해 보겠
  습니다.
- 한번 물면 절대 놓지 않는다 / 한번 먹으면 멈출 수 없는
  맛이다.

'한번 해 보다'의 경우 보조 용언 '보다'와 함께 쓰여 '시
도'의 의미를 나타내는 것은 분명하다. 그렇지만 '한ˇ번 해
보다'가 가능하고 의미상으로 구분이 되지 않는다는 점에서
띄어쓰기의 기준으로 삼기 어렵다. 또한 '차례'를 나타내는
'한번 먹으면 멈출 수 없다'도 '한ˇ번 먹으면 멈출 수 없다'
가 가능하며 의미가 구분되지 않는다. 따라서 이 경우를 한
단어로 볼 수 있는지 검토가 필요하다.

조사는 앞 말에 붙여 쓴다

조사는 학교 문법에서 단어로 다룬다. 그렇지만 조사는 자립성이 없어서 다른 말에 의존해서만 나타날 수 있다. 또한 자립적인 명사와 달리 주로 조사는 구체적인 의미를 나타내기보다는 그것이 결합하는 체언의 문법적 기능을 표시한다. 이러한 점에서 띄어 쓰지 않는다.

조사의 띄어쓰기에서 흔히 나타나는 잘못은 여러 개의 조사가 겹칠 경우 띄어 쓰려고 하는 것이다. 조사는 둘 이상 겹치거나 어미 뒤에 붙는 경우에도 붙여 쓴다.

집에서처럼 　　　학교에서만이라도 　　갈게요

여기서부터입니다 　"알았다."라고 　　너마저도

나가면서까지도　　　그러고 싶다마는　　　들어가기는커녕

아래의 색 표시된 말들은 조사라는 사실을 잘 모르고 앞말과
띄어 쓰는 일이 많다.

　　날씨가 봄같이 따뜻하다.
　　과자가 하나밖에 남지 않았네.
　　덥기는커녕 오히려 추울 정도야.
　　"알았구나."라고 말씀을 하셨어.
　　너뿐만 아니라 다른 사람도 그래.

　'봄같이'의 '같이'는 조사이므로 앞 말에 붙여 쓴다. 단 '봄과
같이'처럼 조사가 앞에 오는 경우는 조사가 아니므로 띄어 쓴다.
'봄 같은 날씨'의 '같은' 또한 조사가 아니다. '밖에'는 조사인 경
우와 명사인 경우로 나누어진다. 조사로 쓰일 때는 서술어로 부
정을 나타내는 말이 온다는 특징이 있다.

　　호주머니에 천 원밖에 없어.
　　이런 일은 철수밖에 못할걸.
　　아직은 "맘마"라는 말밖에 몰라.

앞의 예를 보면 서술어에 '없다', '못하다', '모르다'와 같이 '부정'을 뜻하는 말이 나타나 있다. 이러한 기준을 적용하면 '이 밖에도 문제가 많다.'의 '밖에'는 조사가 아님을 알 수 있다.

'사과는커녕'은 '사과는˅커녕'으로 띄어 쓰는 일이 많지만 '는커녕'이 하나의 조사이므로 붙여 쓴다. "'알았구나.'라고'의 '라고'는 인용을 나타내는 조사이다. 그러므로 앞 말과 띄어 쓰지 않는다. '라고'와 비슷한 '하고'는 조사가 아닌 용언의 활용형이므로 앞 말과 띄어 쓴다.

> 할아버지께서는 "알았구나."라고 말씀하셨습니다.
> 할아버지께서는 "알았구나."˅하고 말씀하셨습니다.

'너뿐만 아니라'는 '너뿐만아니라'로 모두 붙여 쓰거나 '너˅뿐만˅아니라'로 잘못 띄어 쓰는 일이 많다. '뿐'과 '만'이 모두 조사이므로 '너뿐만˅아니라'가 옳다. '뿐'은 명사 뒤에서는 조사이고 관형형 어미 뒤에서는 의존 명사로 쓰인다.

> 온 사람은 철수뿐이다.(조사)
> 날이 더웠을 뿐만 아니라(의존 명사)

어미일 때는 붙여 쓰고
의존 명사일 때는 띄어 쓴다

어미와 의존 명사는 겉으로 볼 때 형태가 같아서 구분하기 어려운 경우가 있다. 이럴 경우 원론적인 설명을 하는 일이 있는데 이러한 설명은 문법에 대한 지식을 특별히 갖추지 않은 보통 사람에게는 대단히 어렵고 별 도움이 되지 않는 경우가 많다.

학교에 가는데 비가 오기 시작했다.
이 일을 하는 데 며칠이 걸렸다.

예를 들어 '가는데'의 '-ㄴ데'는 하나의 어미이고 '하는ˇ데'의 '데'는 의존 명사이므로 띄어쓰기가 다르다는 설명은 문법적으로 문제가 없지만 의존 명사와 어미에 대한 문법 지식을 갖추지 않고서는 실제로 적용하기가 어렵다.

'-ㄴ데'의 띄어쓰기를 쉽게 구분하는 방법은 뒤에 '에'를 비롯한 조사가 결합할 수 있는지 따져 보는 것이다. '에'가 결합할 수 있으면 띄어 쓰고 결합할 수 없으면 띄어 쓰지 않는다. 조사가 결합하는 것은 명사류의 대표적인 특징 중의 하나이다.

> 학교에 가는데…… (결합 불가능)
> 이 일을 하는 데에…… (결합 가능)

'학교에 가는데에'는 '에'가 결합할 수 없으므로 붙여 쓰고 '이 일은 하는 데에'는 '에'가 결합할 수 있으므로 띄어 쓴다고 할 수 있다. 다음도 '에'를 상정할 수 있어서 '데'를 띄어 쓰는 경우다.

> 노래를 잘하는 데(에)다가 춤도 잘 춘다.

'ㄴ바'도 두 가지 경우를 혼동하는 일이 많다. 그렇지만 뒤에 조사가 결합할 수 있으면 띄어 쓰고 결합할 수 없으면 붙여 쓴다는 기준을 적용하면 쉽게 구분할 수 있다.

> 금강산에 가 본바 과연 절경이더군.
> 그 일은 고려해 본 바 없다.

앞 첫 번째 문장의 '본바'는 뒤에 조사가 결합할 수 없다. 이때는 '-ㄴ바'가 하나의 어미이다. 하지만 두 번째 문장의 '본 바'에는 조사가 결합할 수 있다. 이때 '바'는 의존 명사이고 '본∨바'와 같이 띄어 쓴다.

제시간에 도착했는지 모르겠다.
제시간에 도착했는가 모르겠다.

위의 '도착했는지'를 '도착했는∨지'로 띄어 쓰는 것은 잘못이고 '도착했는지'로 붙여 써야 옳다. 이러한 사실을 기억하기 위해서는 '-ㄴ지'가 하나의 어미라는 문법적 사실을 외우기보다는 '도착했는가'와 의미가 같고 띄어쓰기 또한 같다는 사실을 이해하는 것이 좋은 방법이다.

국어 사용자 중에 '도착했는가'를 '도착했는 가'로 띄어 쓰는 사람은 없을 것이다. 따라서 '도착했는가'와 '도착했는지'가 서로 같으므로 '도착했는지'로 붙인다고 이해하는 것이 '-ㄴ지'가 어미이므로 앞 말과 붙인다는 문법적인 사실을 기억하는 것보다 이해하기가 쉽다.

다음의 '도착할지 모르겠다'의 띄어쓰기 또한 '도착할까 모르겠다'와의 비교를 통해 쉽게 이해할 수 있다.

제시간에 도착할지 모르겠다.

제시간에 도착할까 모르겠다.

또한 이렇게 이해하면 아래와 같이 'ㄴ'과 '지'를 띄어 쓰는 경우도 비교적 쉽게 구분할 수 있다.

벌써 학교를 떠난ᐯ지 십 년이 지났다.

위의 '떠난ᐯ지'는 문법적으로 관형형 어미 'ㄴ'과 의존 명사 '지'로 이루어진 말이다. 이러한 구성은 주로 '시간의 경과'를 뜻하며 띄어 쓴다는 점에서 '도착했는지 모르겠다'의 '-ㄴ지' 구성과는 다르다.

이 둘의 띄어쓰기는 틀리는 일이 많다. 그렇지만 '도착했는지 모르겠다'는 '도착했는가 모르겠다'로 바꿀 수 있는 반면 시간의 경과를 나타내는 '떠난ᐯ지'는 '떠난가'로 바꿀 수가 없다는 사실을 기억하면 둘을 혼동하지 않고 쉽게 구별할 수 있다.

이 밖에 '시간의 경과'를 나타내는 말로는 '간'과 '만'이 있다. '간'은 접미사와 의존 명사로 쓰이고 '만'은 조사와 의존 명사로 쓰인다.

'간'은 '시간의 경과'를 나타낼 때는 접미사이므로 앞 말에 붙여 쓴다. 그렇지만 '거리'를 뜻할 때는 의존 명사이므로 띄어 쓴다. '지'나 '만'이 시간의 경과를 나타낼 때 의존 명사인 것과는 대조적이다.

한 달간, 십 년간(시간)
서울 부산 간, 부모 자식 간(거리)

'만'이 조사로 쓰일 경우에는 주로 '한정'이나 '비교'의 뜻을 나타낸다.

철수만 오너라.(한정)
키가 형만 하다.(비교)

'만'이 '시간의 경과'를 나타낼 때는 의존 명사이다. 이때는 주로 '만에', '만이다', '만이야'의 꼴로 쓰이는 특징이 있다.

십 년 만에 만난 친구
이게 얼마 만이야.

다만 '정말 오랜만이군.'이라고 할 때는 '오랜ˇ만'으로 띄어 쓰지 않는다. '오래간만'의 준말이기 때문이다.

한편 '만'과 '하다'가 연결된 구성은 두 가지로 쓰인다.

강아지가 송아지만˅하다.

음악이 들을˅만하다 / 들을만하다.

'송아지만˅하다'의 '만'과 '하다'를 접미사 '만하다'로 다루는
일도 있었지만 이때는 조사 '만'과 '하다'가 연결된 구성이다. 이
때의 '만하다'가 접미사라면 '송아지만은 하다'와 같이 중간에 보
조사가 끼어드는 현상을 설명하기 어렵다. '들을˅만하다 / 들을
만하다'와 같이 용언의 관형형 다음에 오는 '만하다'는 보조 용언
이다. 그러므로 띄어 쓰는 것이 원칙이되 붙일 수도 있다.

의존 명사가 들어 있는 경우 띄어 쓴다는 점도 기억해 두어야
한다. 'ㄹ걸'의 띄어쓰기는 'ㄹ 것을'로 풀 수 있느냐에 따라 달라
진다.

나중에 후회할걸.

후회할˅걸 왜 했어?

'나중에 후회할걸'의 '-ㄹ걸'은 이미 하나의 어미로 굳어져서
'할 것을'로 풀 수가 없다. 그렇지만 '후회할˅걸'은 의존 명사 '것'
이 들어 있는 '할 것을'로 풀 수 있으므로 '할˅걸'로 띄어 쓴다.

사랑을 할 거야(← 할 것이야).

내일 뭐 할 거니(← 할 것이니).

　이것은 '터'가 들어 있는 구성에서도 마찬가지다. '할 터인데', '갈 터이야'로 풀 수 있으므로 '할 텐데'와 '갈 테야'로 띄어 쓴다.

비가 와야 할 텐데(← 할 터인데).

나는 집에 갈 테야(← 갈 터이야).

관형사는
뒤에 오는 말과 띄어 쓴다

관형사는 뒤에 오는 말과 띄어 써야 한다. 아래의 예는 띄어쓰기를 잘못하는 일이 많으므로 주의해야 한다.

각各 가정, 각 개인, 각 학교, 각 부처, 각 지방

고故 홍길동 / 고인故人

귀貴 회사 / 귀사貴社

동同 회사에서 3년간 근무했음.

만滿 나이, 만 15세

매每 경기, 매 회계 연도

별別 사이가 아니다.

몇 명이나 왔어?

연延 10만 명

전全 국민

갖은 양념

딴 일

맨 꼭대기

뭇 백성

새 신

온 식구

위에서 '고 홍길동'과 '고인'의 띄어쓰기가 다른 것은 '고인'의 경우 '인人'이 비자립적인 1음절 한자어이므로 띄어 쓰기 어렵기 때문이다. '귀 회사', '귀사'의 경우도 마찬가지다.

수는 만 단위로 띄어 쓰고,
만보다 작은 수는 모두 붙여 쓴다

'스물여섯'의 띄어쓰기는 어떻게 해야 할까? 결론부터 미리 말하면 '스물여섯'으로 붙여 쓴다. 그런데 국어사전에는 '스물여섯'이 올라 있지 않다. 이는 '스물여섯'이 합성어가 아니며 '스물∨여섯'으로 띄어 쓴다는 말이다. 구성 요소인 '스물'과 '여섯'에서 '스물여섯'의 의미를 예측할 수 있다는 점에서 '스물여섯'은 분명히 합성어가 아닌 것으로 보인다.

　그렇다면 왜 '스물여섯'으로 붙여 쓸까? '스물여섯'으로 붙여 쓰는 근거는 '한글 맞춤법' 제44 항에서 찾을 수 있다.

　　수를 적을 때는 '만萬' 단위로 띄어 쓴다.

이 규정은 '십이억∨삼천사백오십육만∨칠천팔백구십팔'과 같은 띄어쓰기에 적용되지만 '스물여섯'에도 적용된다. '만' 단위로 띄어 쓴다는 것은 '만'보다 작은 수일 경우에는 언제나 붙여 쓴다는 뜻이기 때문이다.

'스물여섯'이 단위를 나타내는 의존 명사 '살'과 결합할 때는 '스물여섯∨살'로 띄어 쓴다. 그런데 아라비아 숫자를 쓰는 경우에는 띄어쓰기가 조금 다르다.

스물여섯∨살
26∨살(원칙) / 26살(허용)

즉, 한글로 적는 경우에는 '스물여섯∨살'만 가능하지만 아라비아 숫자로 적는 경우에는 '26살'로 붙여 쓰는 것도 허용된다. 아라비아 숫자와 다음의 단위 명사를 붙여 쓰는 현실의 직관을 수용한 결과라고 할 수 있다. 실제로 '26∨살'보다는 '26살'로 쓰는 일이 많다.

아래와 같이 '제-'가 붙어 차례를 나타내는 경우의 띄어쓰기 또한 혼동하는 일이 많다.

제2∨차 회의(원칙)
제2차 회의(허용)

제∨2차 회의(잘못)

　'제-'는 접두사이므로 뒤에 오는 말에 붙여 써야 하고 '차'는 단위를 나타내는 의존 명사이므로 앞 말과 띄어 써야 한다. 따라서 '제2∨차'가 원칙이고 '제2차'는 허용된다. '제∨2차'처럼 쓰는 일이 많지만 이는 잘못이므로 주의해야 한다. 아라비아 숫자가 올 경우 다음의 단위 명사는 무조건 붙여 쓰는 것으로 단일하게 기억하는 것도 좋은 방법이다.

띄어쓰기 좀 더 알기

　'한글 맞춤법' 제43 항에서는 단위를 나타내는 의존 명사는 앞 말과 띄어 씀을 원칙으로 하고 있다.

① 금 서 돈, 집 한 채, 바둑 한 판, 버선 한 죽, 신 두 켤레, 북어 한 쾌
② 십여만 명, 십만여 명, 십 년여, 십여 년, 삼십여 년간, 두 시간여, 삼백오십여 명

그러나 아라비아 숫자 뒤나 순서, 연월일, 시각을 나타낼 때는 모두 붙여 쓸 수 있다. 다만 접두사 '제第-'는 '제3 공화국 / 제3공화국', '제일 차 세계 대전 / 제일차세계대전'처럼 뒷말과 붙여 쓴다.

① 2007년, 5월, 25일, 3년 3개월, 200번지, 35원, 51톤
② 제사 학년 / 제사학년
  이십칠 대 회장 / 이십칠대 회장
  육 층 / 육층
  제일 장 / 제일장
③ 두 시 십오 분 오 초 / 두시 십오분 오초
  이천이십 년 십이 월 십칠 일 / 이천이십년 십이월 십칠일
④ 40년 전, 사십 년 전, 40만 년 전, 4천만 명

월명을 나타낼 때는 띄어 쓰지 않지만 월명이 연, 일, 시와 어울려 쓰일 경우에는 띄어 쓴다.

① 계절의 여왕 오월 / 오 월 오 일은 어린이날이다.
② 팔월에는 날이 덥다. / 팔 월 십오 일은 광복절이다.

아라비아 숫자 뒤에 단위성 의존 명사에 준하는 약호가
나올 경우 붙여 쓰고, 한글 다음에는 띄어 쓴다. 약호 다음에
오는 의존 명사는 붙인다.

① 40V의 전압, 100m 달리기, 5000km 길이의 송유관
② 삼십 cm, 천 m를 1km로 한다. 수 km에 달하는 행렬,
   공룡의 몸무게는 몇 kg일까?
③ 유도 100kg급(○) / 유도 100kg 급(×) / 유도 무제한
   급(○)

수를 적을 때는 '만萬' 단위로 띄어 쓴다. 즉 '만, 억, 조,
경京, 해垓, 자秭' 단위로 띄어 쓴다. 따라서 '만'보다 작은 단위
는 모두 붙여 쓴다.

① 육조∨팔천칠백이십억∨칠천오백삼십이만∨이천사백
   오십오
② 6조∨8720억∨7532만∨2455

전문어는
단어별로 띄어 쓸 수 있다

전문어의 띄어쓰기 원칙은 '단어별로 띄어 쓰되 붙일 수 있다('한글 맞춤법' 제50 항)'이다. 전문적인 내용을 담은 전문어는 단어별로 띄어서 제시하는 것이 이해하는 데 도움이 되기 때문에 이러한 원칙이 생긴 것으로 이해할 수 있다.

> 금동ˇ미륵보살ˇ반가ˇ사유상
> 금동미륵보살반가사유상

'금동ˇ미륵보살ˇ반가ˇ사유상'과 '금동미륵보살반가사유상'을 비교해 보면 단어별로 띄어쓰기를 한 경우가 뜻을 짐작하기가 쉽다는 것을 알 수 있다. 다만 붙일 수 있도록 한 것은 전문 영역에서는 붙여 쓰더라도 아무런 지장이 없기 때문이다.

이러한 전문어의 띄어쓰기 원칙을 국립국어원의 『표준국어대사전』에서는 다음과 같이 제시하고 있다. '^' 표시는 단어별로 띄어 쓰되 붙일 수 있다는 뜻이다.

- 흔들어^오르기『체육』 철봉·링·평행봉 운동에서, 앞뒤로 크게 흔들다가 이 흔들림을 이용하여 팔 짚고 매달리는 동작.
- 선어말^어미先語末語尾『언어』 어말 어미 앞에 나타나는 어미. '-시-', '-옵-' 따위와 같이 높임법에 관한 것과 '-았-', '-는-', '-더-', '-겠-' 따위와 같이 시상時相에 관한 것이 있다.

즉 '흔들어^오르기'는 '흔들어 오르기'가 원칙이되 '흔들어오르기'로 붙일 수 있고 '선어말^어미' 또한 '선어말 어미'와 '선어말어미' 둘 다 가능하다는 뜻이다.

전문어의 경우 단어별로 띄어 쓰는 원칙이 있다고 해서 전문어에 속하는 말은 모두 단어별로 띄어 쓸 수 있는 것은 아니다. 이미 한 단어로 굳어진 아래와 같은 경우는 띄어 쓰지 않는다.

극피-동물, 사과-나무, 동의-보감

동식물의 분류상의 명칭, 책명처럼 이미 하나의 단어로 굳어진 경우에는 전문어라 하더라도 띄어 쓰지 않는다.

'전문어'란 무엇인가?

전문어란 전문 영역에서 쓰는 말로 전문적인 내용을 담고 있다. 최근에는 전문어가 일상생활에서 널리 쓰이는 경우가 적지 않다. 예를 들어 '인터넷', '스마트폰', '태블릿' 등이 그러한 경우이다. 특히 정보 통신과 관련된 용어는 하루가 다르게 생활에 쏟아져 들어와서 전문어와 일상어의 경계를 나누기가 쉽지 않다. 예를 들어 텔레비전의 경우, '브라운관, PDP, LCD, LED, OLED'와 같은 제품이 순차적으로 등장했을 때 처음에는 그러한 말이 무척 낯설었지만 곧 텔레비전을 구입할 때 고려해야 하는 것으로 널리 사용되었다.

일상생활에 필요한 전문어는 국어사전을 참조하면 된다. 『표준국어대사전』에는 53개 전문 분야로 나누어 전문어를 제시하고 있다. 그런데 일상생활에서 흔히 쓰는 말 중에는 전문 영역에서는 다른 말을 쓰는 경우가 많다. 예를 들어 '참치'는 '참다랑어', '가다랑어' 등을 총칭하는 말로 쓰인다. 횟감으로 많이 찾는 '우럭'은 '조피볼락'이 전문어이며 민물매운탕에 많이 들어가는 '빠가사리'는 어류 도감에는 '동자개'

로 나와 있다. 이러한 말들을 제시하면 다음과 같다.

산화칼슘(생석회), 넙치(광어), 참다랑어(참치), 동자개(빠가사리), 먹장어(꼼장어), 조피볼락(우럭)

고유 명사는
단위별로 띄어 쓸 수 있다

고유 명사는 '단어별로 띄어 쓰되 단위별로 띄어 쓸 수 있다('한글 맞춤법' 제49 항)'라고 되어 있다. 단위별로 띄어 쓰도록 한 것은 자연스러운 띄어쓰기 직관을 허용하기 위한 것이다.

성균관ˇ대학교ˇ문과ˇ대학ˇ부속ˇ연구소(단어별 띄어쓰기)
성균관대학교ˇ문과대학ˇ부속연구소(단위별 띄어쓰기)

위보다 아래의 띄어쓰기가 더 자연스럽게 느껴진다. 그러한 직관을 보여 주기 위해 '단위별로 띄어 쓴다'는 단서를 단 것으로 설명할 수 있다. 이때의 '단위'를 설정하는 기준은 자율적으로 결정할 수 있다. 예를 들어 '동해 경찰서'와 '국립현대미술관'의 띄어쓰기는 다음과 같은 가능성이 있다.

　　동해∨경찰서(단어별, 단위별), 동해경찰서(단위별)
　　국립∨현대∨미술관(단어별), 국립∨현대미술관(단위별), 국립현
　대미술관(단위별), 국립현대∨미술관(×)

　'동해 경찰서'로 할 것인지, '동해경찰서'로 할 것인지는 직관
에 맞게 결정하면 된다. '국립 현대 미술관'도 마찬가지다. 다만
직관에 맞지 않는 경우는 허용되지 않는다. '국립현대∨미술관'과
같은 경우이다. 고유 명사라고 해서 모두 단위별로 띄어 쓸 수 있
는 것은 아니다.
　사람 이름은 고유 명사지만 이러한 조항에 적용을 받지 않는
다. 사람의 성과 이름은 언제나 붙여 쓴다. 호가 올 경우도 마찬
가지다. 띄어 쓸 수 있는 경우는 '황보∨민'과 같이 성과 이름을
혼동할 우려가 있을 때이다.

　　이순신, 이충무공, 황보민, 황보∨민

고유 명사 띄어쓰기 좀 더 알기

성과 이름, 성과 호, 성과 자는 붙여 쓴다. 호나 자가 성명 앞에 올 때는 띄어 쓴다. 그 뒤에 붙는 호칭어나 관직명은 띄어 쓴다.

① 황보민, 황보 민, 이순신, 이충무공, 이율곡, 율곡 이이
② 홍길동 씨, 홍 씨, 홍 군, 홍 양, 홍 선생, 황희 정승

외래어 인명과 지명은 원어의 띄어쓰기를 따르되 관용에 따른 띄어쓰기도 허용한다.

① 모택동, 마오쩌둥, 도요토미 히데요시°
② 뉴욕New York, 루이 14세Louis XIV, 르망Le Mans, 드골De Gaulle
③ 돈 조반니, 돈 카를로스, 돈키호테, 돈키호테형 인물

'대왕大王', '여왕女王', '거서간', '차차웅', '마립간' 등이 붙

• '도요토미 히데요시'를 한자식으로 '豊臣秀吉'로 쓰기도 하지만 현재의 규범에서는 인정하지 않는다. 국어사전에도 '도요토미 히데요시'가 규범적인 것으로 되어 있다.

을 경우에는 띄어 쓰고 '왕王'이 붙을 경우에는 붙여 쓴다.

① 광개토^대왕, 선덕^여왕, 알렉산더^대왕, 빅토리아^여왕

② 유리-왕, 공민-왕, 아소카-왕

'도道, 북도北道, 남도南道, 시市, 읍邑, 면面, 리里, 군郡, 구區, 동洞, 해海, 도島, 섬, 만灣, 역驛, 양洋, 사寺, 선線, 항港, 산山, 특별시, 광역시'가 붙는 우리말의 고유 명사는 붙여 쓴다.

경기도, 충청남도, 과천시, 신림동, 서울역, 태평양, 백담사, 경부선, 인천항, 백두산, 서울특별시, 부산광역시

지명이나 그에 준하는 고유 명사에 해당하는 '가街, 갑岬, 강江, 곶串, 관關, 궁宮, 도道, 만灣, 봉峰, 부府, 부部, 사寺, 산山, 섬, 성城, 성省, 시市, 역驛, 요窯, 주州, 주洲, 항港, 해海, 현縣, 호湖'가 외래어에 붙을 경우에는 띄어 쓰고, 우리말에 붙을 경우에는 붙여 쓴다. 단, 외래어라도 한국 한자음으로 읽을 경우에는 붙여 쓴다. 뒤에 연속으로 다른 말이 나올 경우에는 띄어 쓴다.

캘리포니아-주, 카리브-해, 북-해, 발리-섬, 목요-섬

지명이 아닐 경우 접사적인 1음절 한자어가 결합할 때는 띄어 쓰지 않음이 원칙이다.

메디치-가家, 합스부르크-가, 롤러드-파派, 골든 게이트 교橋, 조지 워싱턴교, 히피-족族, 델파이-법法

산맥, 산, 강이 붙은 지명의 경우에도 붙여 쓰는 것이 원칙이다.

① 나일강, 몽블랑산Mont Blanc, 알프스산맥, 유카탄반도, 파미르고원, 화베이평야
② 태백산, 낙동강, 태백산맥, 태안반도, 개마고원, 나주평야

지리적인 개념을 나타내는 말과 방위를 나타내는 말은 붙여 쓴다.

남-아메리카(아메리카 남(×)), 북-유럽, 중앙-아시아, 동남-아시아, 남북-아메리카

외래어는
원어의 띄어쓰기에 따른다

외래어 띄어쓰기는 원어의 띄어쓰기에 따라 결정된다. 그렇지만 일반어 단어는 띄어 쓰지 않는다는 원칙이 적용된다.

> 아이스-크림ice cream, 더치-페이Dutch pay, 비치-가운beach gown, 톱-클래스top class, 홈런^더비(home run derby: 운동 전문어), 홀인원(hole in one: 운동 전문어), 뉴스-쇼(news show: 언론 전문어), 도핑-테스트(doping test: 운동 전문어), 앙상블-스테레오(ensemble stereo: 전기 전문어)

원어에서 띄어 쓴 말이지만 관용적으로 붙여 쓰는 경우는 붙여서 쓴다. 다음은 『외래어 표기 용례집』에 제시되어 있는 예들이다.

앵커맨, 백미러, 백네트, 콜론, 콜머니, 콜택시, 카페리, 슈크림, 커피숍, 콘칩, 코너킥, 쿠데타, 아이스크림, 골인, 골킥, 홀인원, 홈인, 홈런, 핫케이크, 핫도그, 핫라인, 콩윙, 립크림, 팝송, 리어카, 티오프, 티업, 워밍업, 와이셔츠/와이샤쓰, 월드컵

준말이나 음운론적 융합이 일어난 말은 붙여 쓴다.

르포라이터reportage writer, 애드벌룬ad balloon, 에어컨air conditioner, 리모콘remote control, 오므라이스omlet rice, 오토바이auto bicycle, 오피스텔office hotel, 아이큐IQ

접사나, 접사처럼 쓰이는 1음절 한자어가 외래어와 함께 쓰일 경우에는 붙여 쓴다.

남아메리카, 싱크대, 이슬람교, 메이플라워호, 그레고리우스력

원어에 없는 외래어는 붙여 씀을 원칙으로 한다.

고-스톱go stop, 애프터-서비스after service

'인人', '족族', '어語'는 외래어의 경우 띄어 쓰던 것을 모두 앞
말에 붙여 쓰도록 수정되었다. 화석 인류 명칭에 붙는 '인'도 붙
여 쓴다.

그리스-어, 프랑스-어, 러시아-어

이탈리아-인, 한국-인, 고려-인, 유럽-인, 아시아-인

몽골-족, 슬라브-족, 여진-족

네안데르탈인, 크로마뇽인

개별적으로
띄어쓰기가 결정되는 경우도 있다

지금까지 언급하지 않은 것 중에서 몇 가지를 제시하면 다음과 같다.

먼저, 수량 표현의 집합이 무한할 경우는 띄어 쓰고 유한할 경우는 붙인다.

일ˇ등, 이ˇ등 , 삼ˇ등……

자동차 한ˇ대, 두ˇ대, 세ˇ대……

일차 산업, 이차 산업, 삼차 산업

일류, 이류, 삼류

'일ˇ등, 이ˇ등……'은 무한히 지속되는 구조를 가진 말이다.

이러한 경우에는 띄어 쓴다. '일ˇ년, 이ˇ년, 십ˇ년, 백ˇ년, 천ˇ
년'도 마찬가지다. 다음과 같이 특별한 의미가 있지 않는 한 붙여
쓰지 않는다.

어느 천년에 이 많은 일을 다 하지?

그에 비해 '일차 산업, 이차 산업, 삼차 산업'처럼 집합이 한정
되어 있을 경우는 붙여 쓴다.

아래는 단어의 구조에 따라 띄어쓰기를 결정한 경우이다. 예
를 들어 '파출소장'은 '파출소＋장', '박물관장'은 '박물관＋장'의
구조이므로 '파출소장', '박물관장'으로 붙여 쓴다.

한국은행 대출계장(○), 한국은행 대출 계장(×)

기독교도(○), 기독 교도(×)

이슬람교인(○), 이슬람 교인(×)

파출소장(○), 파출 소장(×)

박물관장(○), 박물 관장(×), 박물관 관장(○)

야구단장(○), 야구 단장(×), 야구단 단장(○)

한편 다음은 위와 다른 경우이다. '숙박업소'는 '숙박업＋소'의
구조로 파악할 수 있으므로 '숙박업소'로 인식되지만 '무허가업

소'는 '무허가업'이 존재하지 않으므로 '무허가업＋소'가 아니라 '무허가 업소'로 인식된다. 국어사전에서는 이를 반영하여 '숙박 업-소'와 '무허가^업소'로 제시하고 있다.

> 숙박업소(○), 숙박 업소(×)
> 무허가^업소(○), 무허가업소(○)
> 대행업체(○), 대행 업체(×)
> 우량^업체(○), 우량업체(○)

두 말을 이어 주거나 열거할 때에 쓰이는 말들은 띄어 쓴다. 이러한 내용은 '한글 맞춤법' 제45 항에 언급되어 있다.
두 말을 열거하는 말로는 '등', '따위', '등등', '등속'이 있다. 이들은 모두 앞 말과 띄어 쓴다.

> 귤, 사과 등이 있다.
> 연필, 지우개 따위가 있다.
> 귤, 사과 등등이 있다.
> 보따리에는 윗옷이며 바지를 비롯한 옷가지 등속이 있었다.

두 말을 이어 주는 말로는 '및', '겸', '내지', '대' 등이 있다. 이들은 앞뒤에 오는 말과 띄어 쓴다.

이사장 및 이사, 시인 겸 소설가, 하나 내지 둘, 여당 대 야당

　아래의 경우는 개별적인 판단이 필요한 것들이다. 아래에 제시된 단어는 흔히 띄어 쓰는 일이 많지만 국어사전에서 합성어로 인정하는 경우도 있고 그렇지 않은 경우도 있다. 모두 국어사전을 확인한 다음 띄어쓰기를 결정해야 한다. 국어사전에서 '고속^도로'는 '고속 도로/고속도로'가 모두 가능하지만 아예 표제어로 올라 있지 않은 경우에는 언제나 띄어 써야 한다.

　가는귀먹다, 가두시위, 가족계획, 고속도로, 구제불능, 국립공원, 국립대학, 국무총리, 국회의원, 그동안, 노동조합, 대한민국, 돌연변이, 또다시, 먼산나무, 모음조화, 사무총장, 산속, 새색시, 새해, 신춘문예, 안전사고, 여러분, 온몸, 온종일, 우리글, 우리나라, 우리말, 인공위성, 잠재의식, 전자시계, 주식회사, 집안, 천연기념물, 천연자원, 큰코다치다, 필기도구, 한다하는, 합성수지, 협동조합, 환경오염

　한편 음식명은 국어사전에 올라 있지 않아도 언제나 한 단어로 다루어 붙여 쓰는 것이 원칙이다. 새롭게 만든 음식명도 마찬가지다.

　김치찌개, 버섯불고기, 치즈떡볶이, 콩나물된장라면……

4

문장 부호

문장 부호의 변화

문장 부호는 '한글 맞춤법'에 포함되어 있는 규범의 하나이다. 문장 부호 규정은 1933년 '한글 맞춤법 통일안'에서 출발하여 1988년 '한글 맞춤법'이 새로 제정되면서 하나의 규정으로서 체계화되었다. 그런데 2000년대 들어 언어 사용 환경이 인터넷과 모바일 중심으로 변화하면서 기존의 문장 부호 규정으로는 언어 생활의 필요를 충족하기가 어려웠다. 이러한 점을 고려하여 2014년에 새롭게 문장 부호 규정이 개정되었는데 주요한 특성은 다음과 같다.

첫째, 새로운 언어 환경을 반영하였다. '줄임표'의 경우 이전의 '……'을 컴퓨터 자판에서 직접 입력할 수 있는 '...'로 쓸 수 있게 하였으며 더 이상 쓰이지 않는 세로쓰기용 부호를 가로쓰기로 통합하였다. 둘째, 언어 현실에 가깝도록 내용을 보완하여 사용 편의성을 높였다. '온점'과 '반점'이라는 낯선 용어를 널리 알려진 '마침표'와 '쉼표'로 바꾼 것이 이러한 예이다. 셋째, 갈수록 다양해지는 문장 부호에 대한 요구를 최대한 수용하였다. 세로쓰기에서 쓰이던 '겹낫표'와 '홑낫표' 등을 가로쓰기에 쓸 수 있도록 하였으며 '겹화살괄호'와 '홑화살괄호' 등을 새롭게 추가하였다.

마침표

마침표(.)

1988년 규정에서는 가로쓰기에는 온점, 세로쓰기에는 고리점을 쓰는 것이 원칙이었다. 그런데 '온점', '고리점'이라는 이름은 널리 쓰이지 않는다는 문제가 있어서 널리 쓰이는 '마침표'로 바뀌었다. '마침표'의 기능은 다음과 같다.

첫 번째, 서술, 명령, 청유 등을 나타내는 문장의 끝에 쓴다.

어린이는 어른의 거울이다.

가슴속에 희망을 품어라.

저기까지 뛰어가자.

다만, 표제어나 표어에는 쓰지 않는 것이 원칙이다.

한글, 디자인을 만나다(표제어)

우리의 미래, 아이들에게 달려 있습니다(표어)

일반적인 종결 어미로 끝나지 않은 문장인 경우에도 마침표를 쓰는 것이 원칙이지만 쓰지 않을 수도 있다.[*]

시험에 최선을 다할 것. / 시험에 최선을 다할 것

세계 최고의 서커스 대회 시작. / 세계 최고의 서커스 대회 시작

정책 수립에 국민의 의견을 청취함. / 정책 수립에 국민의 의견을 청취함

두 번째, 아라비아 숫자만으로 연월일을 표시할 때 쓴다.

2020. 10. 12. (2020년 10월 12일)

1919. 3. 1.

* 명사로 끝날 때 마침표를 쓰는 것은 '시작'처럼 서술성이 있는 명사 뒤에서 가능하다. 예를 들어 '세계 최고의 서커스 대회'처럼 서술성이 없는 '대회'로 끝날 때에는 마침표를 찍을 수 없다.

세 번째, '장', '절', '항'과 같이 위아래의 순서를 나타내는 말 다음에 쓴다.

　1. 마침표
　　가. 물음표
　　　ㄱ. 의문문의 경우

한편, 숫자로만 되어 있는 경우에도 마침표를 쓴다.

　2. 방송 기사의 유형
　　2.1. 기획 기사
　　2.2. 사건 사고 기사

네 번째, 직접 인용문에서 큰따옴표 안에 한 문장이 끝난 경우에는 마침표를 찍지 않을 수 있다. 물음표, 느낌표는 생략할 수 없다.

　옛말에 "민심은 천심이다. / 천심이다"라는 말이 있습니다.
　나는 "너, 승호 아니야?" 하는 말에 깜짝 놀랐다.

물음표(?)

첫 번째, 의문을 나타낼 때 의문형 어미 뒤에 쓴다.

오늘은 몇 시에 들어오니?

제가 감히 거역할 리가 있습니까?

이게 은혜에 대한 보답이냐?

남북통일이 되면 얼마나 좋을까?

뭐 양심 불량?

그렇게 못하겠다면?

그리고 한 문장 안에서 선택적인 물음이 여럿 겹칠 경우에는 맨 마지막에만 물음표를 사용한다. 각각 독립된 물음인 경우에는 물음마다 쓴다.

이것은 귤입니까, 오렌지입니까?

오늘 누구 만나니? 어디서 만나니? 왜 만나니?

한편 의문형 어미로 끝나는 문장이라도 의문의 정도가 약할 때에는 물음표 대신 마침표를 쓸 수 있다.

혼자 무얼 먹을까.

아무도 내 말을 믿지 않을 텐데 이젠 어떻게 하지.

세 번째, 회의적이거나 비꼬는 태도를 나타낼 때, 또는 적절한
말을 찾지 못한 경우에 쓴다.

우리 학교는 우승(?) 후보로 꼽히고 있다.

아침에 온다더니, 참 빨리도(?) 왔군.

국수 한 그릇이면 완전 진수성찬(?)이지.

네 번째, 불확실한 내용임을 나타낼 때에 쓴다.

이 소설은 홍명희(1888~?)의 대표작이다.

정지용(1903~19??) / 정지용(1903~?)

느낌표 (!)

첫 번째, 감탄사나 감탄형 종결 어미 다음에 쓴다.

앗!

아, 달이 밝구나!

사랑하는 이여!

다만 감탄의 느낌이 약할 때는 감탄형 어미로 끝나는 문장이
더라도 마침표를 쓸 수 있다. 이와는 달리 감탄형 어미로 끝나지
않더라도 감탄의 느낌이 강할 때는 느낌표를 쓸 수 있다.

많이 시장했구나.

아이스크림이다!

어머니! 그리운 나의 어머니.

자랑스러운 한국의 딸, 세계 정상에 서다!

두 번째, 강한 명령이나 청유를 나타낼 때 쓴다.

지금 즉시 시작해!

부디 몸조심하도록!

자, 가서 우리의 힘을 보여 줍시다!

세 번째, 감정을 넣어 다른 사람을 부르거나 대답할 때에 쓴다.

길동아!

예, 어머님!

네 번째, 물어보는 말로 놀람이나 항의의 뜻을 나타내는 경우에 쓴다.

아니, 이게 누구야!
왜 나만 나빠!

쉼표(,)

첫 번째, 한 문장 안에서 같은 자격의 말들이 열거될 때에 쓴다.

은근, 끈기는 우리 겨레의 특징이다.

피라미, 꺽지, 가물치는 모두 민물고기이다.

1, 3, 5, 7은 홀수다.

좀 더 큰 단위가 열거될 때도 쓴다.

문학은 가치 있는 삶을 위해, 창조적인 삶을 위해 존재한다.

닭과 지네, 개와 고양이는 상극이다.

　두 번째, 문장 첫머리의 접속이나 연결을 나타내는 말 다음에 쓴다.

　　첫째, 몸이 건강해야 한다.
　　아무튼, 나는 찬성할 수 없다.

　다만, 일반적으로 쓰이는 접속어(그러나, 그러므로, 그리고, 그런데 등) 뒤에는 쓰지 않음을 원칙으로 한다.

　　그러므로 너는 아직 실망할 필요가 없다.
　　그런데 이 가설은 아직 증명된 것은 아니다.

　세 번째, 바로 다음의 말과 직접 연결되지 않음을 나타낼 때 쓴다.

　　오랜 역사를 간직한, 명륜당의 은행나무.
　　성질 급한, 동생의 남편이 벌컥 화부터 냈다.
　　갑돌이가, 울면서 떠나는 갑순이를 배웅했다.

네 번째, 앞의 말이 다시 반복되거나 유사한 내용이 배열될 때 쓴다.

순국선열의 불굴의 의지, 나라와 민족을 위한 열정을 배워야 한다.

다섯 번째, 문장의 구조를 분명히 보이거나 삽입된 구절을 나타내고자 할 때 쓴다.

콩 심으면 콩 나고, 팥 심으면 팥 난다.
안개가 끼니, 경치가 더욱 환상적이다.
나는 미소를 띠고, 속으로는 화가 치밀었지만, 그들을 맞았다.

여섯 번째, 부르는 말이나 대답하는 말 뒤, 제시어 뒤, 가벼운 감탄을 나타내는 말 뒤에 쓴다.

애야, 이리 오너라.
예, 지금 가겠습니다.
돈, 돈이 인생의 전부이더냐?
용기, 이것이야말로 진정한 젊은이의 자산이다.
아, 깜빡 잊었구나.

조, 조금 문제가 생겼어.

일곱 번째, 도치된 문장에 쓴다.

이리 오세요, 어머님.

다시 보자, 설악산아.

여덟 번째, 주어나 주제어임을 나타낼 때 쓴다.

경찰, 방역 지침 위반 철저 단속.

정부, 인위적 경기 부양 없다.

아홉 번째, 개략적인 수나 수의 폭을 나타낼 때 쓴다.

5, 6세기

6, 7개

열 번째, 수의 자릿점을 나타낼 때에 쓴다.

25,000,000

2,000원

가운뎃점(·)

첫 번째, 열거된 단위를 구분하여 보이거나 밀접하게 묶어서 보일 때 쓸 수 있다.

한·러의 협력 관계가 한층 강화되었다.

김열규·성기열·이상일·이부영(1982), 민담학 개론, 일조각, 서울.

쉼표로 구분된 단위보다 더 작은 단위를 나타낸다.

미국·영국·독일, 러시아·중국의 입장이 대립하고 있다.

시장에 가서 사과·배, 고추·마늘, 조기·명태를 샀다.

두 번째, 특정한 의미가 있는 날을 나타내는 숫자 사이에 쓴다. 이때는 마침표를 대신 쓸 수도 있다.

3·1 운동(3. 1 운동), 8·15 광복(8. 15 광복)

세 번째, 반복되는 말을 한 번만 제시할 때 구분하는 기호로 가운뎃점을 쓴다.

초·중·고등학교, 초등·중등·고등학교

직접적·간접적으로, 직·간접적으로

개정판에서는 내용을 대폭적으로 수정·보완하였다.

쌍점(:)

첫 번째, 표제 다음에 설명을 하거나 해당하는 내용을 보일 때 쓴다.

문장 부호: 마침표, 쉼표, 따옴표, 묶음표 등

관동 팔경: 청간정, 경포대, 삼일포, 죽서루, 낙산사, 망양정, 총석 정, 월송정

일시: 2020년 1월 15일 10시

^^: 웃는 모습을 나타내는 그림 문자

두 번째, 희곡이나 방송 대본 등에서 말하는 이와 말하는 내용을 구분할 때 쓴다. 이때 첫 번째와 두 번째 경우에는 쌍점을 앞쪽으로 붙이고 뒤쪽은 띄어 쓴다. 나머지 경우는 쌍점과 앞쪽, 뒤쪽을 모두 붙여 쓴다.

슬기: 내일 약속 잊지 마.

지혜: 그럼 시간 맞춰 나갈게.

세 번째, 시時와 분分, 장章과 절節, 참고 문헌의 출판 연도와 쪽수, 본 제목과 부제 등을 구별할 때 쓴다. 본제와 부제 사이에는 줄표를 대신 쓸 수도 있다.

오전 10:20(오전 10시 20분)

주시경(1909:56)

네 번째, 의존 명사 '대對'가 쓰일 자리에 쓴다.

85:82(85 대 82)

한국:독일(한국 대 독일)

빗금(/)

첫 번째, 서로 대립하거나 대등한 것을 함께 묶을 때 쓴다.

남궁민/남궁 민

백 원/100원

주격 조사 '이/가'는 앞 말의 받침 유무에 따라 선택된다.

두 번째, 분수, 수량의 단위 표시, 연월일 등을 나타낼 때 쓴다.[•]

3/4 분기

2/4

100미터/초

1만 원/개

2020/12 /27 (2020년 12월 27일)

세 번째, 시를 인용할 때 행이 바뀌는 경우에 쓴다. 연이 바뀔 대는 빗금을 두 번 사용한다. 빗금 앞뒤는 붙여 쓰되 이 경우에는 띄어 쓰는 것도 허용한다.[••]

산에는 꽃 피네 / 꽃이 피네 / 갈 봄 여름 없이 / 꽃이 피네. / / 산에 / 산에 / 피는 꽃은 / 저만치 혼자서 피어 있네.

• 수학 등에서 빗금을 쓰는 용법은 현행 문장 부호 규정에서 제외되었다. 그렇다고 해서 이러한 쓰임이 금지된 것은 아니다.

•• '북극/남극'과 같은 경우, 빗금의 앞뒤는 붙여 쓰지만 '북극 지방/남극 지방'처럼 둘 이상의 어구가 대비될 때에는 '북극 지방 / 남극 지방'으로 띄어 쓰는 것도 허용된다.

따옴표

큰따옴표(" ")

첫 번째, 직접적인 대화를 나타낼 때 쓴다.

"차를 준비하겠습니다."
"괜찮습니다. 방금 마시고 오는 길입니다."

두 번째, 남의 말이나 글, 속담 등을 직접 인용할 때 쓴다.

"사람은 사회적 동물이다"라고 말한 학자가 있다.
"와 눈이다" 하는 소리에 다들 자리에서 일어났다.

세 번째, 책, 예술 작품의 제목, 신문 이름 등에 쓴다.

신경림의 "가난한 사랑 노래"는 교과서에 실리기도 했다.
"독립신문"의 창간일은 4월 7일이다.
신인이 연극 "광개토대왕"의 주인공으로 뽑혔다.

큰 단위와 작은 단위를 구분할 필요가 있을 때, 큰 단위에는 큰따옴표를, 작은 단위에는 작은따옴표를 쓴다. 겹낫표와 홑낫표, 겹꺾쇠와 홑꺾쇠도 마찬가지로 쓴다.

박태원의 장편 소설 '천변풍경'은 "조광"에 연재되었다.
「서시」는 시집 『하늘과 바람과 별과 시』에 실려 있다.
김소월의 《진달래꽃》에 실린 〈진달래꽃〉은 누구나 좋아한다.

따로 구별할 필요가 없을 때는 작은따옴표, 홑낫표, 홑꺾쇠를 쓸 수 있다.

'조선왕조실록'에 이러한 기록이 남아 있다.
「홍길동전」은 영화로 만들어지기도 했다.
요즘 내가 읽고 있는 소설은 〈토지〉이다.

작은따옴표(' ')

첫 번째, 인용한 말 안에 다시 인용한 말이 들어 있을 때 쓴다.

"여러분! 침착해야 합니다. '하늘이 무너져도 솟아날 구멍이 있다.'고 합니다."

두 번째, 생각, 상상, 독백 등 마음속으로 한 말을 나타낼 때 쓴다.

'갑자기 찾아가면 모두들 깜짝 놀라겠지.'

세 번째, 단어, 어구, 문장 등 강조하고자 하는 부분을 두드러지게 보이기 위해 쓴다.

'배부른 돼지'보다는 '배고픈 소크라테스'가 되겠다.

우리말에 '아' 다르고 '어' 다르다는 말이 있다.

'참돔', '돌돔', '감성돔'은 모두 바닷물고기이다.

'김치'에는 '갓김치', '백김치', '열무김치' 등이 있다.

묶음표

소괄호(( ))

첫 번째, 원어, 연대, 주석, 설명 등을 넣을 적에 쓴다. 이때 소괄호는 앞 말에 붙여 쓴다.

요즘은 누구나 컴퓨터(computer)를 배운다.

3·1 운동(1919) 당시 선생은 겨우 스물이었다.

다산(조선의 실학자)은 많은 저술을 남겼다.

두 번째, 따옴표, 낫표, 꺾쇠표로 묶이는 말에 소괄호가 이어질 때는 소괄호를 문장 부호 안에 넣는다.

『천자문(千字文)』은 '天(천)'으로 시작해서 '也(야)'로 끝난다.

"아침에 도를 들으면 저녁에 죽어도 좋다(朝聞道夕死可矣)"

세 번째, 임의로 선택할 수 있는 요소를 나타낼 때에 쓴다.

요즘엔 상대방을 부를 때 '선생(님)'이라는 말을 덧붙인다.

대표적인 도구격 조사로는 '(으)로(써)'가 있다.

네 번째, 숫자나 문자와 함께 부호로 쓴다.

(ㄱ) 태평양 (ㄴ) 대서양 (ㄷ) 인도양

(1) 침엽수 (2) 활엽수

(가) 동해 (나) 서해 (다) 남해

다섯 번째, 희곡 등에서 대화 외 정보를 제시할 때 쓴다.

장군: (단호한 표정과 목소리로) 북을 울려라. 진군하라!

군사들: (함성을 울리며) 적을 쳐부수자!

일곱 번째, 내용이 들어갈 빈자리임을 나타낼 때에 쓴다. 이때는 밑줄을 쓸 수도 있다.

우리나라의 수도는 (   )이다.

중괄호({ })

첫 번째, 여러 단위를 동등하게 묶어서 보일 때에 쓴다.

주격 조사 $\begin{cases} 이 \\ 가 \end{cases}$

두 번째, 나열된 항목 중 어느 하나를 선택할 수 있다는 의미를 나타낸다.

아이들이 모두 놀이터{에, 로, 를} 갔어요.

우등생인 너{도, 까지, 조차, 마저} 불합격이라니 믿을 수가 없구나.

대괄호([ ])

첫 번째, 괄호 안의 말과 바깥의 말이 소리가 다를 때에 쓴다.

나이[年歲] 낱말[單語] 手足[손발]

두 번째, 괄호 안에 또 괄호가 있을 때에 쓴다.

애매한[확실(確實)하지 않은] 설명은 억측[근거(根據) 없는 짐작]을 낳기 마련이다.

세 번째, 남의 글을 인용할 때나 번역할 때 원래 없던 것을 보충하거나 정보 등을 추가할 때 쓴다.

이 조항 속에서 가장 주안이 되는 문제는 표준말[標準語]이다.[원문에는 '(標準語)'임]
이 달에 임금께서 친히 언문 28자를 지으셨다. [이하 생략]

네 번째, 국어에서 음가를 나타낼 때에 쓴다.[*]

'꽃잎'은 [꼰닙]으로, '굳이'는 [구지]로 발음한다.

---

[*] 이러한 용법은 현행 문장 부호 규정에서 제외되었다. 그렇다고 해서 쓰임이 금지된 것은 아니다.

이음표

줄표(一)

이음표에는 줄표, 붙임표, 물결표가 있다. 이중 줄표는 다음과 같은 경우에 사용한다. 첫 번째, 이미 말한 내용에 다른 말을 덧붙이거나 설명할 때 쓴다.

그 천재 음악가는 네 살에—보통 아이 같으면 음계도 모를 나이에—벌써 작곡을 하기 시작했다.

2002년 대한민국은 월드컵 4강이라는—지금 생각해도 꿈만 같은—금자탑을 쌓았다.

두 번째, 제목 아래에 표시하는 부제의 앞뒤에 쓴다.*

　　자연 보호에 대하여
　　—삼림욕 문제를 중심으로—

세 번째, 인용의 출처를 나타낼 때 쓴다.

　　吾等(오등)은 玆(자)에 我(아) 朝鮮(조선)의 獨立國(독립국)임과
朝鮮人(조선인)의 自主民(자주민)임을 宣言(선언)하노라.
　　　　　　　　　　　　　　　　　　　　—「기미독립선언문」에서

　줄표의 앞뒤는 띄어 쓰는 것을 원칙으로 하되 붙여 쓰는 것도
허용한다. 다만 일관되게 사용해야 한다.

붙임표(-)

　첫 번째, 연속된 말들이 서로 밀접한 관계에 있음을 드러내고
자 할 때 쓴다.

●　첫 번째, 두 번째의 경우 뒤에 오는 줄표는 생략할 수 있다.

차세대 반도체 개발을 놓고 한-미-일의 경쟁이 치열하다.

귀국할 때는 뉴욕-서울의 항로를 이용했다.

두 번째, 사전, 논문 등에서 단어의 구성을 나타내거나 국어학에서 어미, 접사를 표시할 때 쓴다.

겨울-나그네, 불-구경, 손-발, 휘-날리다, 슬기-롭다, 장난-꾸러기, 나일론-실

맨-, -는구나, -었-, -꾼

세 번째, 전화번호, 주민 등록 번호, 계좌 번호 등의 구분 경계에 쓴다.[●]

02-4123-7890, 031-21-0452-118, 1-8(1학년 8반)

물결표(∼)

첫 번째, 지속되는 기간이나 거리 또는 연속된 범위를 나타낼

● 두 번째, 세 번째의 용법은 현행 문장 부호 규정에서 제외되었다. 그렇다고 해서 이러한 쓰임이 금지된 것은 아니다.

때 쓴다.

> 도서관 내부 공사로 휴관 10월 1일~10월 3일
>
> 김정희(1786~1856)
>
> 이번 시험의 범위는 1~5장입니다.

이때는 줄표를 쓸 수도 있다.

> 서울–강릉 간 고속 열차가 개통이 되었다.
>
> 이번 시험의 범위는 10쪽~75쪽이다.

두 번째, 단어의 구조를 보일 때 앞이나 뒤에 들어갈 말 대신 쓴다.●

> 소풍: 봄~, 즐거운~, ~을 가다
>
> -가(家): 음악~, 소설~

● 두 번째 용법은 현행 문장 부호 규정에서 제외되었다. 그렇다고 해서 이러한 쓰임
이 금지된 것은 아니다.

드러냄표(˙ , ˚)와 밑줄(_)

주의를 끌어야 하거나 강조할 부분을 특별히 드러내 보일 때
쓴다.

한글의 본 이름은 훈민정음이다.

중요한 것은 어떻게 가느냐보다 누구와 가느냐이다.

다음 물음의 답으로 적절하지 <u>않은</u> 것은?

드러냄표나 밑줄 대신에 작은따옴표를 쓸 수 있다.

숨김표(○, ×)

첫 번째, 금기어나 공공연하게 쓰기 어려운 비속어라서 드러
내지 않고자 할 때 그 글자의 수만큼 쓴다.

방송에서 ○○라는 말을 하다니 있을 수 없는 일이다.
해고란 말을 듣는 순간 ××이란 말이 치밀어 올랐다.

두 번째, 비밀이라서 드러내지 않고자 할 때 그 글자의 수만큼
쓴다.

공군 ○○ 부대 ○○ 기지에서 전투기 ○○ 대가 발진하였다.

그 모임은 김×× 씨, 정×× 씨 등이 주도한 것으로 드러났다.

○○은행 ○○지점에서 도난 사건이 발생했다.

빠짐표(□)

첫 번째, 옛 비문이나 서적 등에서 글자가 분명하지 않을 때에 그 글자의 수만큼 쓴다.

大師爲法主□□賴之大□薦

두 번째, 글자가 들어가야 할 자리를 나타낼 때 그 글자의 수 효만큼 쓴다.

훈민정음의 모음 중에서 기본자는 □□□의 석 자다.

줄임표(……)

첫 번째, 할 말을 다 하지 않고 줄였음을 나타낼 때 쓴다.

"혹시 지난번에……." 하고 누군가 말을 걸어왔다.

두 번째, 말이 없음을 나타낼 때 쓴다.

"이제 어떻게 할 거야!"
"……."

세 번째, 줄임표는 세 점(…)으로 쓸 수 있고 또 마침표(.)로도
대신할 수 있다.[•]

"뭔가 이상하지 않아요?"
"예, 아무래도….."

"대답을 해 봐."
"…."

• 줄임표가 문장을 대신하는 경우 마침표를 찍는 것이 원칙이다. 아래의 세 점으로
  줄임표를 표시하는 경우 마침표까지 찍으면 점이 네 개가 된다.

찾아보기

우리말 맞춤법

개구리, 뻐꾸기, 얼루기, 누더기 62,63

고유 명사와 두음 법칙 90

고유어 · 외래어 다음에 두음 법칙을

적용하는 경우 87

규범 문법 21

깍두기의 방언 24

꿀꿀이, 오뚝이, 더펄이 63

날개/나래 25

넓적하다/널따랗다 108

눈곱 29,44,47,93

눈살 29,44,93

-대/-데 41

더욱이 37

돼/되 65

된소리 적기 92

두음 법칙 정리 85

두음 법칙의 역사 89

든지/던지 113

등교길/등굣길 97

띠다/띄다 112

만듦이 59

머리말/머릿말 96

머릿니 46

먹어라/먹거라 70

며칠/몇 일 50

명사형 어미 '-(으)ㅁ' 57

명사형 '욺'과 명사 '울음'의 차이 60

반드시/반듯이 35

밤과 낮/밤낮 44

본딧말과 준말 39

불규칙 활용의 종류 54

붙이다/부치다 110

사이시옷 94

살다/삶 60

상대 경어법 체계 80

쓰라/써라 67

아름답-/아름다우- 20

어간 38, 52

어미 52, 57, 65, 70, 79

연결 어미 '요'의 형성 79

울음/욺 60

-이/-히로 끝나는 부사 104

일찍이 37

저래 56

접두사처럼 쓰이는 한자어 다음의

두음 법칙 86

젖니 47

준말 42

지긋이/지그시 36

찻잔/차잔 99

청하건대/청컨대 104

파래/퍼레 56

표준어의 정의 22

표준어 선정 25

학교 문법 21

한글 맞춤법의 적용 대상 28

한글 맞춤법의 형태주의 원리 29

햇님/해님 98

띄어쓰기

고유 명사 띄어쓰기 158, 160

라고/하고 139

밖에 138

뿐/뿐만 139

선어말 어미 130

관형사의 띄어쓰기 147

수 띄어쓰기 149

앞사람/뒷사람/옆사람 134

어말 어미 130

어미와 의존 명사 140

외래어 띄어쓰기 원칙 163

의존 명사 띄어쓰기 127

전문어의 띄어쓰기 154

접두사 '제-' 151

조사의 띄어쓰기 137

한번/한 번 136

문장 부호

가운뎃점(·) 186

느낌표(!) 179

대괄호([ ]) 195

드러냄표(˙ , ˚) 201

마침표(.) 175

물결표(~) 199

물음표(?) 178

밑줄(_) 201

붙임표(-) 198

빗금(/) 188

빠짐표(□) 203

소괄호(( )) 193

숨김표(○, ×) 202

쉼표(,) 182

쌍점(:) 187

작은따옴표(' ') 192

줄임표(……) 203

줄표(—) 197

중괄호({ }) 195

큰따옴표(" ") 190

세상 모든 글쓰기

우리말 맞춤법 띄어쓰기

1판 1쇄 발행 2020년 11월 20일
1판 6쇄 발행 2024년 11월 15일

지은이 정희창

발행인 양원석 **편집장** 차선화
디자인 남미현, 김미선 **영업마케팅** 윤송, 김지현, 이현주, 백승원, 유민경

펴낸 곳 ㈜알에이치코리아
주소 서울시 금천구 가산디지털2로 53, 20층 (가산동, 한라시그마밸리)
편집문의 02-6443-8890 **도서문의** 02-6443-8800
홈페이지 http://rhk.co.kr
등록 2004년 1월 15일 제2-3726호

ISBN 978-89-255-8949-7(13710)